Das ist für dich, du zukünftiger #umweltheldin2minuten.

Und übrigens: Nur der Einfachheit halber spreche ich in diesem Buch von »Super-« und »Umwelthelden«. Alle Heldinnen, Seehunde, Delfine und Blassfuß-Sturmtaucher (und solche, die es werden wollen) dürfen und sollen sich natürlich ebenso angesprochen fühlen!

Das Meer braucht uns alle!

MIX
Papier aus verantwor-
tungsvollen Quellen
FSC® C002795

Deutsche Erstausgabe
1. Auflage
© 2020 Dressler Verlag GmbH,
Max-Brauer-Allee 34, 22765 Hamburg
Alle Rechte vorbehalten
Originaltitel: *Kids Fight Plastic*
© 2019 Text Martin Dorey
Published by arrangement with
Walker Books Limited, London SE11 5HJ.
© 2019 Illustrations Tim Wesson
Reproduced by permission of Walker Books Limited
www.walker.co.uk
© Übersetzung: Fabienne Pfeiffer
© Umschlaggestaltung: Frauke Schneider
Satz: fuxbux, Berlin
Druck und Bindung: Livonia Print SIA,
Ventspils iela 50, LV-1002, Riga, Lettland
Printed 2020
ISBN 978-3-7915-0166-6

www.dressler-verlag.de

MARTIN DOREY

#UMWELTHELD #IN2MINUTEN

50 TOLLE TRICKS,
WIE DU DIE WELT RETTEST

Aus dem Englischen von Fabienne Pfeiffer
Mit Illustrationen von Tim Wesson

Dressler Verlag Hamburg

INHALT

BIST DU BEREIT, EIN SUPERHELD ZU SEIN?

SO WIRST DU EIN #UMWELTHELDIN2MINUTEN

Hast du 2 Minuten Zeit?
Nur 2 Minuten – mehr Zeit brauchst
du gar nicht, um zum Superhelden zu
werden. Nicht alle Superhelden fliegen durch
die Luft oder retten die Welt vor angreifenden
Aliens. Manche Superhelden tun einfache,
alltägliche Dinge, die kaum mehr
als ein paar Minuten kosten und
zusammengenommen einen
riesigen Unterschied machen.
Diese Superhelden sind genau
wie du und ich. Sie leben uner-
kannt unter uns und
vollbringen Groß-
artiges. Und auch
du kannst einer
von ihnen sein.

WARUM WIR SUPERHELDEN BRAUCHEN, UM DIE MEERE ZU RETTEN

Vermutlich fragst du dich, wozu wir Superhelden brauchen. Das ist ganz einfach: Wir brauchen Superhelden, um den **KAMPF GEGEN PLASTIK** aufzunehmen und die **MEERE ZU RETTEN**.

Unsere Ozeane sterben, weil wir sie als Mülldeponie missbrauchen und zulassen, dass sie sich mit Plastik füllen. Unser Plastikmüll schadet den Lebewesen, die im oder am Meer leben. Und wenn wir nicht aufpassen, schadet er bald auch uns selbst.

WIR BRAUCHEN SUPERHELDEN WIE DICH

Alles, was du tust – ob gut oder schlecht –, hat einen Einfluss auf die Welt um dich herum. Der **KAMPF GEGEN PLASTIK** ist eine großartige Strategie, um die Welt zum Besseren zu verändern.

Schon wenn du jeden Tag 2 Minuten lang etwas ganz Einfaches unternimmst – zum Beispiel ein wenig Plastikmüll aufsammelst –, macht dich das zum Superhelden für unsere Umwelt. Zum Umwelthelden! Denn jede kleine Aktion, mit der du Plastik bekämpfst, hilft dabei, die Ozeane zu retten. Und sorgt außerdem dafür, dass auch die Menschen um dich herum auf das Problem aufmerksam werden.

Politiker und große Firmen sagen vielleicht, ihnen liege der Kampf gegen Plastik am Herzen, aber meine Erfahrung hat gezeigt, dass es Ewigkeiten dauert, bis sie zu handeln anfangen – wenn überhaupt.

Warum also warten?

DU KANNST JETZT, HIER UND HEUTE IN DEN KAMPF GEGEN PLASTIK ZIEHEN, INDEM DU EIN #UMWELTHELDIN2MINUTEN WIRST.

WIESO WIR PLASTIK BEKÄMPFEN MÜSSEN – FÜR DIE OZEANE

- Jedes Jahr landen mehr als 10 Millionen Tonnen Plastik im Meer.

- Auf jedem Quadratkilometer Meeresoberfläche treiben bis zu 18.000 Plastikteile unterschiedlichster Größe.

- Plastik findet sich inzwischen in allen Ozeanen, sogar im Meereis der Arktis und am Grund des Marianengrabens, der tiefsten Stelle der Weltmeere.

- Schätzungen zufolge wird im Jahr 2050 (gemessen am Gewicht) mehr Plastik in den Ozeanen schwimmen als Fische.

- Plastik ist nicht biologisch abbaubar, es zerfällt also nicht mit der Zeit in natürliche Bestandteile. Allerdings wird es nach und nach zu immer kleineren Teilchen zerrieben, die man Mikroplastik nennt.

- Dieser Zerfallsprozess setzt gefährliche Chemikalien frei, die höchstwahrscheinlich zum Klimawandel beitragen – der von Menschen verschuldeten stetigen Erwärmung unseres Planeten.

Die Ozeane sind für uns alle überlebenswichtig, ganz egal, wo wir leben.

Sie regulieren unser Wetter und reinigen die Luft. Außerdem versorgen sie uns mit der Hälfte des Sauerstoffs, den wir zum Atmen und somit zum Überleben brauchen. Und sie speichern Kohlendioxid – ein Gas, das maßgeblich zum Klimawandel und zur globalen Erwärmung beiträgt.

Die Weltmeere liefern uns außerdem Nahrung. Rund 90 Millionen Tonnen Fisch werden jedes Jahr gefangen. Ohne diese Nahrungsquelle würden viele Menschen verhungern.

Wale, Delfine, Meeresschildkröten, Otter, Robben, Fische, Haie, Rochen, Plankton, Seekühe, Hummer, Krabben und Quallen sind in den Ozeanen zu Hause, ebenso wie Seegras, Algen und Korallen.

Die Meere bieten uns eine fantastische, riesige und einzigartige Spieloase zum Schwimmen, Schnorcheln, Planschen und Surfen!

Wir müssen gut auf sie achtgeben.

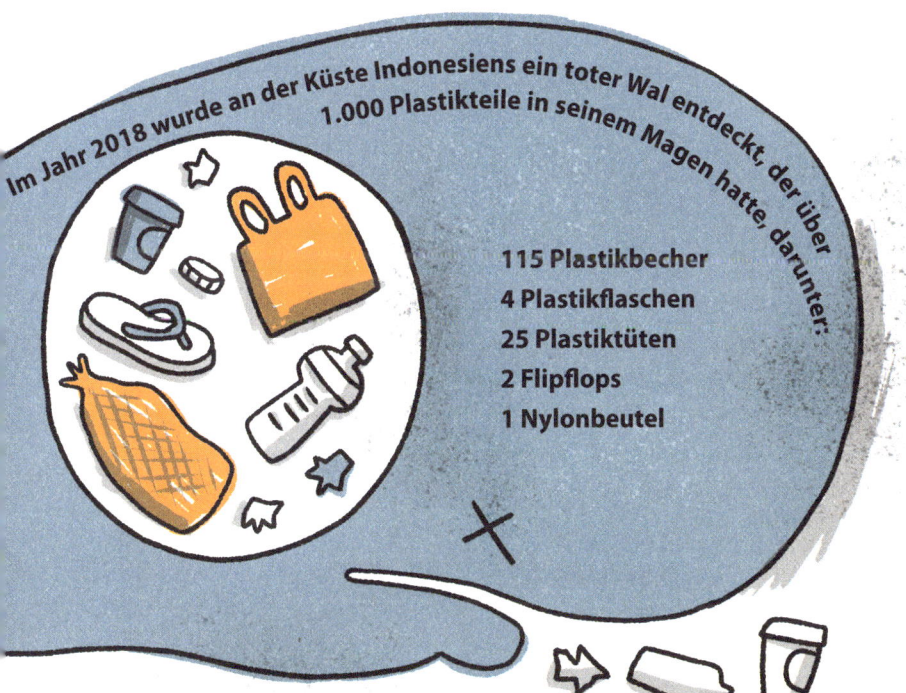

Im Jahr 2018 wurde an der Küste Indonesiens ein toter Wal entdeckt, der über 1.000 Plastikteile in seinem Magen hatte, darunter:

115 Plastikbecher
4 Plastikflaschen
25 Plastiktüten
2 Flipflops
1 Nylonbeutel

WIESO WIR PLASTIK BEKÄMPFEN MÜSSEN – FÜR DIE TIERE

- Meeresbewohner verfangen sich in Plastik: Geschätzte 100.000 Meeressäuger – Wale und Delfine – und Schildkröten, dazu rund 1 Million Seevögel sterben jedes Jahr, weil sie sich in alten Netzen verheddern oder Plastik fressen.

- Verlorenes Angelzubehör tötet jährlich Tausende von Fischen und anderen Meereslebewesen.

- Winzige Algen siedeln sich auf im Meer treibendem Plastik an. Die Algen sondern Duftstoffe ab, die zur Folge haben, dass Seevögel das Plastik für Nahrung halten. Sie fressen es und verhungern bei gefülltem Magen, weil sie das Plastik nicht verdauen können.

- Fische verwechseln winzige Plastikteilchen ebenfalls mit Futter, nehmen sie auf und verhungern. Wenn wir Fisch essen, landet das gefressene Plastik am Ende womöglich unsichtbar auch auf unseren Tellern.

- Plastik zieht langlebige organische Schadstoffe an, die sich im Meerwasser befinden. Diese chemischen Verbindungen reichern sich auf den Plastikteilen an, die so immer giftiger und gefährlicher werden. Die Nahrungskette hinauf steigert sich ihre Menge stetig. Das bedeutet: Wenn ein großer Fisch einen kleinen frisst, nimmt er die Schadstoffe in sich auf, die dieser im Körper trägt. Kommt dann ein noch größerer Fisch daher und verspeist den großen Fisch, gehen die Gifte auch auf ihn über! Und theoretisch können sie so mühelos auch in die menschliche Ernährung gelangen.

SUPERHELD DES ALLTAGS

Name: Captain Flipper

Job: Seehund

Superkraft: kann bis zu 30 Minuten unter Wasser bleiben

Taktik gegen Plastik: hat sich aus einem 9 Meter langen Netz gewunden und überlebt

Top-Tipp: Jedes aufgesammelte Stück Plastik kann einem Tier das Leben retten!

Das hasst er: Plastik im Meer

Das liebt er: von Tierschützern gerettet zu werden

CAPTAIN FLIPPER

TRIFF DIE SUPERHELDEN DES ALLTAGS

Aber kein Grund zum Verzweifeln! Superhelden sind unter uns. Sie brauchen keine schicken Kostüme oder eigene Fernsehshows. Viele von ihnen haben Plastik den Kampf angesagt, weil sie überzeugt sind, damit das Richtige zu tun. Manche, wie Captain Flipper, sind Superhelden, weil sie Plastik bekämpfen, um selbst überleben zu können. In diesem Buch werden dir noch einige weitere Superhelden des Alltags begegnen. Ich hoffe, dass sie dich dazu inspirieren, selbst ebenfalls ein Superheld für unsere Umwelt zu werden.

MARTIN UND SEINE #2MINUTENMISSIONEN

Darf ich mich vorstellen? Mein Name ist Martin, und ich werde dir zeigen, wie du ein **#umwelteldin2minuten** wirst. Ich hasse Abfall – ganz besonders Plastikmüll – und glaube, dass es viele Wege gibt, dem Plastik in unserem Leben den Kampf anzusagen.

Ich lebe in einer Stadt an der englischen Küste, an deren Strand mit jeder Flut Müll angeschwemmt wird. Mit jeder Flut wird hier Müll angeschwemmt. Besonders nach Unwettern ist der Anblick herzzerreißend. Ich sammele den Dreck auf, aber mir ist immer klar, dass schon bald neuer Unrat hinzukommen wird. Deshalb brauche ich Hilfe.

Je mehr du gegen Plastik unternimmst, desto mehr hilfst du dem Ozean, meinem Strand und Stränden in aller Welt. Ganz egal, wo du wohnst: Über Flüsse, Wasserstraßen, Gullys und Abwasserkanäle bist du mit dem Meer verbunden. Wenn wir dafür sorgen, dass kein Plastik mehr ins Wasser gelangt, verhindern wir auch, dass es am Strand angespült wird.

⭐ **SUPERHELD DES ALLTAGS**

Name: Martin

Job: Schriftsteller und Umweltaktivist

Superkraft: schreibt über Plastik, um die Leute zum Umdenken und Handeln zu bewegen

Taktik gegen Plastik: hat die Bewegung #2minutebeachclean ins Leben gerufen

Top-Tipp: Jeder Einzelne von uns kann einen Unterschied machen!

Das hasst er: Müll aus dem Wasser zu fischen

Das liebt er: saubere Strände

MARTIN

#2MINUTEBEACHCLEAN – STRANDPUTZ IN 2 MINUTEN

Im Jahr 2013 beschloss ich, etwas gegen den Müll an meinem Strand zu unternehmen. Ich sammelte rasch ein wenig Abfall ein und machte ein Foto davon. Das stellte ich dann ins Internet, mit einem brandneuen Hashtag: **#2minutebeachclean**. Ich hoffte, dass jemand es sehen und sich vielleicht ebenfalls 2 Minuten Zeit nehmen würde, um das Gleiche zu tun.

Und wundersamerweise passierte genau das! Bis zum Frühjahr 2020 waren auf Instagram schon mehr als 130.500 Bilder zusammengekommen, die Menschen auf der ganzen Welt dabei zeigen, wie sie vor ihrer eigenen Haustür Müll aufheben und beseitigen.

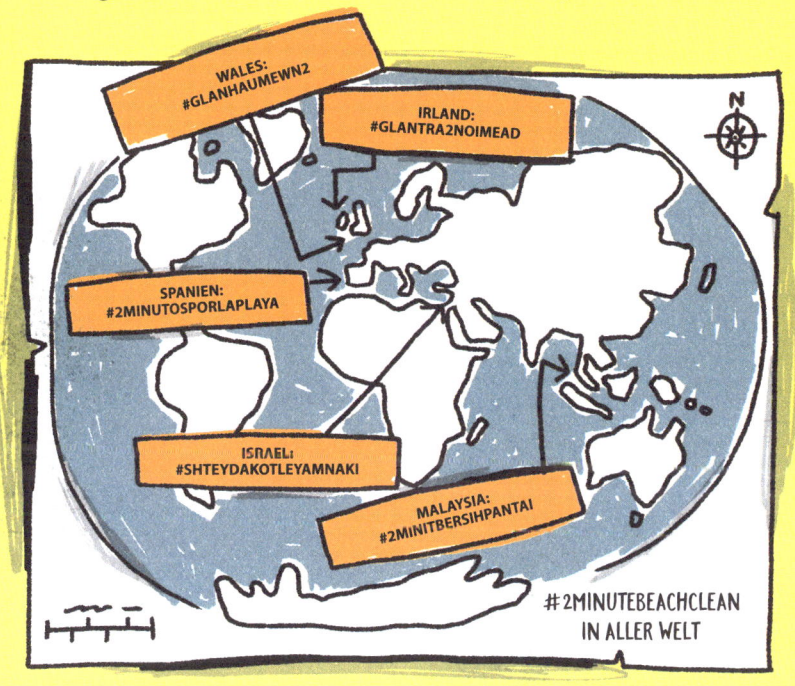

WALES:
#GLANHAUMEWN2

IRLAND:
#GLANTRA2NOIMEAD

SPANIEN:
#2MINUTOSPORLAPLAYA

ISRAEL:
#SHTEYDAKOTLEYAMNAKI

MALAYSIA:
#2MINITBERSIHPANTAI

#2MINUTEBEACHCLEAN
IN ALLER WELT

PLASTIK-FAZIT: Jede **#2minutebeachclean**-Aktion trägt etwa 2 Kilogramm Plastikmüll zusammen – das bedeutet, seit 2013 sind insgesamt schon 261 Tonnen Abfall aufgelesen worden. Mindestens!

GEBRAUCHSANLEITUNG FÜR DIESES BUCH

- Dieses Buch ist in **MISSIONEN** untergliedert, die jeweils unterschiedliche Bereiche deines Lebens ins Visier nehmen, in denen du Plastik bekämpfen kannst, dir Tipps dafür geben und aufzeigen, wieso es wichtig ist.

- Jede Mission enthält wiederum eine Reihe von **2-MINUTEN-MISSIONEN**. Dabei handelt es sich um Aufgaben, die es zu meistern gilt. Mit jeder davon verdienst du dir **UMWELTHELDEN-PUNKTE**.

- Einige Missionen sind richtig schwierig, bringen dir aber mehr Punkte ein. Vielleicht brauchst du dabei die Hilfe eines Erwachsenen. Andere Missionen sind kinderleicht!

- Sobald du eine Mission erfolgreich erledigt hast, notiere dir, wie viele Punkte sie dir beschert.

- Wenn du am Ende des Buchs – und damit am Ende deiner Ausbildung zum Umwelthelden – angelangt bist, kannst du deinen Gesamtpunktestand ausrechnen. So findest du deinen **UMWELTHELDENSTATUS** heraus.

Was für eine Art von **#umweltheldin2minuten** wirst du wohl sein?

SUPERHELDEN-FUN-FACT: 9 von 10 Superhelden wissen noch gar nicht, dass sie überhaupt Superhelden sind.

BIST DU BEREIT, LOSZULEGEN?

Vor deiner ersten Mission bitte ich dich, diesen Schwur zu leisten.

Ich schwöre feierlich, mich für die Ozeane einzusetzen.

Ich werde sie durch mein Verhalten im Alltag schützen und täglich 2 Minuten für den Kampf gegen Plastik aufwenden.

Zulassung zur Ausbildung erteilt von:

Gründer von #2minutebeachclean

DIE #UMWELTHELDIN2MINUTEN-REGELN

Der Kampf gegen Plastik ist nicht aussichtslos. Du kannst ihn gewinnen. Dafür wirst du allerdings früher oder später den Müll anderer Leute aufheben müssen. Das ist schrecklich, aber leider unvermeidlich! Damit du dir selbst dabei nicht schadest, hier ein paar wichtige Regeln:

Wenn du zerbrochenes Glas oder Nadeln findest, zeig beides einem Erwachsenen. Nicht aufheben!

Fass nichts an, was verdächtig aussieht.

Nimm immer einen Erwachsenen mit und zieh dich passend an.

Trag bei schlechtem Licht und an viel befahrenen Straßen eine Warnweste.

3... 2... 1... STARTSCHUSS FÜR DEINE MISSIONEN!

LERN DEINEN GEGNER KENNEN

Beginnen wir deine Ausbildung mit ein wenig Grundwissen über deinen Gegner: Deine erste Mission besteht darin, dich über Plastik im Allgemeinen und Einwegplastik im Besonderen zu informieren. Als Einwegplastik bezeichnet man alle Artikel aus Plastik, die nur einmal benutzt und dann weggeworfen werden. Genau solches Teufelszeug wollen wir bekämpfen. Allerdings gibt es durchaus auch gutes Plastik: Daraus werden Spielsachen, technische Geräte oder lebensrettende medizinische Apparate hergestellt, und es lässt sich über einen langen Zeitraum verwenden.

DIE GESCHICHTE DES PLASTIKS

In der einen oder anderen Form begleitet Plastik uns schon seit ziemlich langer Zeit. Es lässt sich formen und gestalten und ist somit ein nützliches Material für alle möglichen Dinge, von Computern über Kabel bis hin zu Spielzeug und medizinischem Gerät.

Das erste aus Erdöl hergestellte Plastik wurde vor etwa 100 Jahren erfunden. Es bekam den Namen Bakelit, und man findet es noch heute in alten Häusern – halte mal nach braunen Lichtschaltern Ausschau. Seither ist unsere Welt mehr und mehr von Plastik auf Ölbasis abhängig geworden.

Im Laufe der letzten 100 Jahre sind unterschiedliche Arten von Plastik für verschiedene Einsatzgebiete entwickelt worden: Plexiglas ist durchsichtig und kann anstelle von normalem Fensterglas eingesetzt werden. Aus Polypropylen werden Spritzen für Impfungen hergestellt. Polyethylen steckt zum Beispiel in Plastiktüten, und aus Nylon fertigt man Kleidung, Teppiche und Netze.

PLASTIK ERKENNEN UND ZUORDNEN

Die meisten Plastikgegenstände, die du neu kaufst, tragen ein Symbol, das dir sagt, aus welcher Art von Plastik sie bestehen. Verschiedene Plastiksorten bringen unterschiedliche Eigenschaften mit: Manche schwimmen an der Wasseroberfläche, andere gehen unter. Einige kann man recyceln, andere nicht. Ein paar sind giftiger als andere.

CODE UND SYMBOL	BEZEICHNUNG	VERWENDUNG	EIGENSCHAFTEN
01 PET	Polyethylen-terephthalat	Getränkeflaschen, Tabletts	RECYCELBAR durchsichtig, fest, nicht schwimmfähig
02 PE-HD	Hart-Polyethlyen	Joghurtbecher, Einkaufstüten, Flaschen für Shampoo, Spül- und Waschmittel	RECYCELBAR schwimmfähig
03 PVC	Polyvinylchlorid	Blisterverpackungen, Rohre und Schläuche, durchsichtige Lebens-mittelverpackungen	RECYCELBAR gilt als giftigste Plastiksorte
04 PE-LD	Weich-Polyethylen	Müllbeutel, Quetschflaschen, Frischhaltefolie	RECYCELBAR schwimmfähig
05 PP	Polypropylen	Flaschendeckel, Strohhalme, Essensbehälter	RECYCELBAR schwimmfähig
06 PS 06 PS-E	Polystyrol / aufgeschäumtes Polystyrol	Plastikbesteck, Styropor, CD-Hüllen, Plastik-becher, Plastikteller	NICHT PROBLEMLOS RECYCELBAR gibt Chemikalien ab, die im Verdacht stehen, Krebs zu erregen
07 OTHER	andere Kunststoffe wie Polykarbonate und Komposit-materialien	Bauteile, Computer, Elektronik, Nylon, Plexiglas	NICHT PROBLEMLOS RECYCELBAR Sammelbegriff für jede Form von Plastik, die sich nicht in die obigen sechs Kategorien einordnen lässt. Giftig.

GUTES PLASTIK

Plastik ist fantastisch: ein leichtes, starkes und billiges Material, aus dem sich die unterschiedlichsten Dinge herstellen lassen. Spielwaren – zum Beispiel Lego, Star-Wars-Figuren, Puppen oder deine Xbox – bestehen allesamt aus Plastik.

Außerdem ist Plastik sehr langlebig und strapazierfähig, es rostet oder verwittert also nicht wie Metall oder Holz. In der einen oder anderen Form hält es sich Hunderte von Jahren, was Plastik zum ausgesprochen praktischen Werkstoff macht, der viele Male wiederverwendet werden kann. Manche Sorten sind zudem recycelbar.

Medizinische Geräte werden oft aus Plastik gefertigt. Tatsächlich wäre unsere moderne Medizin in dieser Form ohne Plastik gar nicht denkbar. Viele Menschen, die aufgrund einer Behinderung auf Medikamente oder medizinische Apparate angewiesen sind, brauchen Plastik, um ein besseres Leben führen zu können.

ÜBERRASCHUNG: AUCH HIER VERSTECKT SICH PLASTIK!

Teebeutel haben oft einen Plastikanteil.

Windeln bestehen meistens aus Plastik.

Chipstüten sind aus Plastik.

DEINE 2-MINUTEN-MISSION: Finde fünf Gegenstände aus gutem Plastik, die du täglich benutzt. 10 PUNKTE

SCHLECHTES PLASTIK

Eines der Probleme mit Plastik: Es wird aus Erdöl hergestellt.

Erdöl bildet sich über einen Zeitraum von Millionen von Jahren. Es ist eine nicht erneuerbare Ressource, also ein Rohstoff, der einfach leer ist, wenn wir ihn aufgebraucht haben, und sich nicht neu produzieren lässt.

Ein weiteres Problem ist die enorme Haltbarkeit von Plastik. Es baut sich nicht biologisch ab wie Holz, und es verrottet auch nicht zu ungiftigen Stoffen. Plastik ist BESTÄNDIG, und wenn wir nichts unternehmen, verschwindet es nie wieder. Falls es sich doch zersetzt – zum Beispiel, weil es im Meer oder Boden der Witterung ausgesetzt ist –, zerfällt es bloß in immer kleinere Teile. Dabei gibt es Chemikalien ab, die schlecht für unseren Planeten sind.

Plastik ist inzwischen eines der meistgenutzten Materialien auf der Erde, aber wir haben noch immer nicht ausgetüftelt, was wir damit anfangen sollen, wenn wir es nicht mehr brauchen! Verflixt!

Deshalb lassen wir momentan zu, dass es unsere Umwelt verschmutzt: Wir verhindern nicht, dass es ins Meer gespült oder auf Mülldeponien vergraben wird. Vielleicht ist es also gar nicht das Plastik, das schlecht ist. Vielleicht ist das Problem eher, wie wir in unserem alltäglichen Leben mit Plastik umgehen – nämlich ohne nachzudenken.

DEINE 2-MINUTEN-MISSION: Finde fünf Gegenstände aus schlechtem Plastik, die nur einmal benutzt und dann weggeworfen werden.
20 PUNKTE

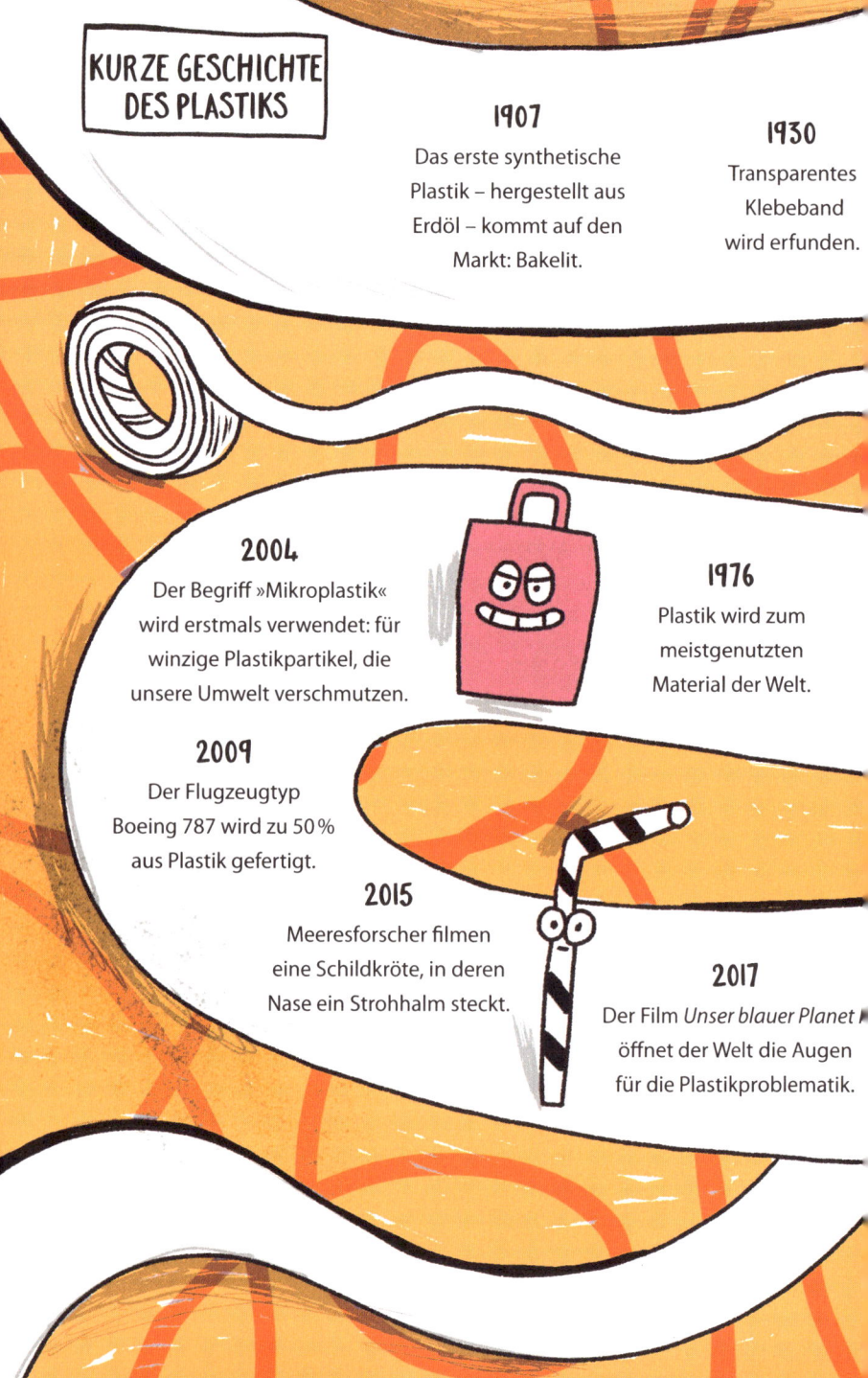

KURZE GESCHICHTE DES PLASTIKS

1907
Das erste synthetische Plastik – hergestellt aus Erdöl – kommt auf den Markt: Bakelit.

1930
Transparentes Klebeband wird erfunden.

2004
Der Begriff »Mikroplastik« wird erstmals verwendet: für winzige Plastikpartikel, die unsere Umwelt verschmutzen.

1976
Plastik wird zum meistgenutzten Material der Welt.

2009
Der Flugzeugtyp Boeing 787 wird zu 50 % aus Plastik gefertigt.

2015
Meeresforscher filmen eine Schildkröte, in deren Nase ein Strohhalm steckt.

2017
Der Film *Unser blauer Planet* öffnet der Welt die Augen für die Plastikproblematik.

1941

Terylene – die erste künstliche Textilfaser – wird wegen des Zweiten Weltkriegs geheim gehalten.

1949

Der erste Modellbausatz aus Kunststoff kommt auf den Markt.

1958

Legosteine aus Plastik werden erfunden.

1969

Neil Armstrong stellt eine Nylonflagge auf dem Mond auf.

SUPERHELD DES ALLTAGS

Name: Rob

Job: Unterwasser-Müllsammler

Superkraft: verwandelt Fischernetze aus Plastik in Kajaks

Taktik gegen Plastik: leitet eine Plastiksammler-Tauchgruppe

Top-Tipp: Mach die Leute auf die Umweltverschmutzung durch Plastik aufmerksam!

Das hasst er: Menschen, die Einwegplastik völlig in Ordnung finden

Das liebt er: aus altem Plastik etwas Nützliches zu erschaffen

ROB

KAMPF DEM PLASTIK IN DEINEM MÜLLEIMER

Ich liebe es, über Müll zu reden. Aber nicht etwa, weil ich Müll mag! Sondern weil ich gerne austüftele, was ich am besten damit mache. Wenn du Plastik bekämpfen – und ein #umwelteldin2minuten werden – willst, wirst du deinen Mülleimer genauer kennenlernen müssen!

WAS LANDET IM MÜLL?

- In Deutschland fallen jährlich ungefähr 46,2 Millionen Tonnen Haushaltsmüll an.

- Jeder deutsche Bürger produziert im Jahr also etwa 557 Kilogramm Abfall.

- Durchschnittlich werden etwa 69 % dieses Mülls recycelt.

- Bei Plastik beträgt die Recyclingquote allerdings nur ungefähr 46 %.

- Jedes Jahr werden in Deutschland etwa 18 Millionen Tonnen Verpackungsmüll produziert.

WAS PASSIERT MIT DEINEM MÜLL?

Du wirfst etwas in den Mülleimer und denkst nie wieder daran – weg damit, erledigt. Leider stimmt das so nicht. Alles muss schließlich irgendwo landen. Bloß wo? Ein »Weitweitweg«, in das man Dinge, die man nicht mehr braucht, einfach hineinwerfen könnte, gibt es nicht. Deshalb müssen wir sorgfältig darüber nachdenken, was mit dem Abfall in unseren Mülltonnen passiert.

17 %
Papier und Karton

13 %
Garten-abfälle

6 %
Altglas

10 %
Lebensmittel-abfälle

54 %
Restmüll, Verpackungen und sonstige Abfälle

WAS GESCHIEHT MIT ESSENSRESTEN UND GARTENABFÄLLEN?

Bei Essensresten und Gartenabfällen handelt es sich um biologisch abbaubare Stoffe, die du zu Hause in den Komposteimer werfen kannst. Dort zersetzen sie sich zu einer Mischung aus natürlichen Materialien, die man Kompost nennt – und Kompost tut unserem Planeten gut, kann als Dünger verwendet werden und so neues Leben entstehen lassen. Fantastisch!

Anderer Abfall, der entsprechend gekennzeichnet ist, zum Beispiel manche Verpackungsfolien oder Mülleimerbeutel, darfst du ebenfalls zum Kompost geben. Wenn ihr zu Hause nicht selbst kompostiert, gehören solche Stoffe in die Biotonne, sodass sie von der Müllabfuhr abgeholt werden können.

DEINE 2-MINUTEN-MISSION: Besorgt euch einen Küchenkomposter oder legt im Garten einen Komposthaufen an! Mission 8 dreht sich darum, herauszufinden, wie Kompost entsteht.
30 PUNKTE

WAS WIRD AUS EUREM HAUSMÜLL?

Alles, was du in die Gelbe Tonne wirfst, landet …

🔲 … in einer Müllsortieranlage, wo recycelbarer und nicht recycelbarer Abfall auseinandersortiert werden.

Alles, was du in den Restmüll wirfst, landet entweder …

🔲 … auf einer Mülldeponie, in einem Loch im Boden, wo es vielleicht giftige Chemikalien und Treibhausgase (Gase, die zur globalen Erwärmung und so zum Klimawandel beitragen) abgibt. Nicht gut!

Oder …

🔲 … in einer Müllverbrennungsanlage: Dort wird beim Verbrennen aus dem Abfall Elektrizität gewonnen. Gut daran ist, dass so aus dem Müll noch nützliche Energie entsteht. Allerdings könnte er auch recycelt werden – und das wäre noch besser.

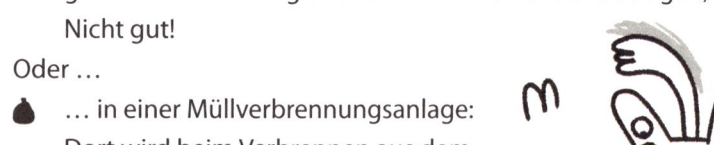

DEINE 2-MINUTEN-MISSION: Erstelle eine Mülltabelle und mach jedes Mal, wenn bei euch zu Hause jemand den Müll nach draußen bringt, einen Strich. Überprüfe, wie viele Müllbeutel deine Familie pro Woche füllt, und versuch, die Anzahl zu halbieren. **50 PUNKTE**

WIE GEHT ES MIT DEM RECYCELBAREN MÜLL WEITER?

Recycelbarer Müll – den du in die Gelbe Tonne geworfen hast – wird gesammelt und wiederverwertet. Denkst du!

So unsinnig es ist: Recycelbarer Abfall wird nicht immer auch wirklich recycelt! Das ist abhängig von der Qualität (wie sauber der Müll ist), den Materialarten (einige Plastiksorten sind wertvoller als andere) und dem Marktwert jedes dieser Materialien.

Vereinfacht ausgedrückt: Mancher Recycling-Müll wird recycelt. Anderer nicht.

Verwirrend? Jep. Zwar ist Recycling SEHR WICHTIG, aber manchmal nicht die beste Strategie zur Plastikbekämpfung.

Und welche Strategie *ist* die beste? Sag Nein zu Einmalplastik. Verwende Dinge wieder. Kauf nur, was du wirklich brauchst. Repariere Dinge, die kaputt sind!

FAKTEN ZUM RECYCLING: Bis 2017 hat Deutschland riesige Mengen Plastikmüll nach China verschifft. Inzwischen weigert China sich, den Müll anzunehmen – also muss er anderswohin. Und landet am Ende vielleicht auf irgendeiner Müllkippe oder im Meer …

DEINE 2-MINUTEN-MISSION: Besuch eine Müllsortieranlage in deiner Nähe. **50 PUNKTE**

UND WAS IST MIT BIOMÜLL UND KOMPOSTIERBAREM PLASTIK?

Tut mir leid! Wenn es doch bloß so einfach wäre …

Wenn etwas als recycelbar gekennzeichnet ist, bedeutet das, es zersetzt sich – wie Essensreste. Allerdings gilt das für recycelbare Verpackungen oft nur unter ganz bestimmten Bedingungen in industriellen Kompostieranlagen, bei genau der richtigen Temperatur. Solche Einrichtungen gibt es in vielen Gemeinden.

Ein weiteres Problem: Nahrungsreste können den Recyclingprozess stören, weshalb es manchmal gar nicht so leicht ist, zu entscheiden, wie man sie am besten entsorgt.

Organisch abbaubare Produkte, zum Beispiel Strohhalme und Besteck, zerfallen mit der Zeit zu einer kompostähnlichen Bodensubstanz. Allerdings muss auch das häufig unter kontrollierten Bedingungen in speziellen Anlagen geschehen.

Neue Plastiksorten, sogenanntes Bioplastik, werden seit einiger Zeit aus verschiedensten Rohstoffen wie Zuckerrohr oder Soja hergestellt. Das Tolle an ihnen ist, dass sie nicht aus Erdöl bestehen und deshalb beim Zerfallen keine giftigen Chemikalien abgeben. Ihr Nachteil: Wenn sie nicht ordentlich entsorgt werden, können sie ebenso beständig sein wie normales Plastik.

Ich weiß! Mir schwirrt jetzt auch der Kopf.

DEINE 2-MINUTEN-MISSION: Such dir drei Strohhalme – einen aus Plastik, einen biologisch abbaubaren und einen aus Papier. Füll einen Blumentopf mit Erde. Steck alle drei Strohhalme bis zur Hälfte hinein und warte ein paar Wochen ab, was passiert!
20 PUNKTE

WIE GEHEN ANDERE LÄNDER MIT MÜLL UM?

In einigen Ländern gibt es keine Müllaufbereitungsanlagen oder auch nur Mülltrennung. Dort wird Abfall einfach auf Müllhalden gekippt oder verbrannt, in Flüsse geworfen – die ihn letztlich ins Meer spülen – oder zum Verrotten liegen gelassen. (Wobei Plastik natürlich gar nicht verrottet!) Und wilder Müll ist auf der ganzen Welt ein Problem. Viele Länder und Städte versuchen, etwas gegen Müllberge in den Straßen und in der Natur zu unternehmen, indem sie schrittweise Einmalplastik verbieten. Hurra!

KENIA:

Plastiktüten sind seit 2017 verboten. Wer sie herstellt, verkauft oder benutzt, dem drohen hohe Geldstrafen.

MAROKKO:

Plastiktüten sind seit 2016 verboten.

VANUATU:

Plastiktüten, Essensbehälter aus Styropor und Plastikstrohhalme sind seit 2018 verboten.

FRANKREICH:

Seit 2016 wurden schrittweise Plastiktüten und -geschirr verboten. Die restliche EU zieht 2021 nach.

SIMBABWE:

Sämtliche Behälter aus Styropor wurden 2017 verboten.

RUANDA:

Hier wurden Plastiktüten schon 2008 verboten.

NEU-DELHI (INDIEN):

Einwegplastik wurde 2017 verboten.

VANCOUVER (KANADA):

Seit 2019 sind Plastikstrohhalme und Essensbehälter aus Styropor verboten.

KAMPF DEM PLASTIK IM PARK

Wie oft gehst du in den Park? Siehst du dort manchmal Müll? Was ist mit dieser Plastikflasche, die du aus dem Augenwinkel wahrnimmst, wenn du die Rutsche hinuntersaust? Ja, genau die! Kannst du dir vorstellen, dass ein Müllfetzen, der bei dir zu Hause – im Park oder auf der Straße – herumliegt, eines Tages vielleicht im Meer landet? Das passiert! Alles Plastik in den Ozeanen stammt irgendwoher – und du möchtest sicher nicht, dass es aus deinem Park kommt, oder? Deshalb beginnt dein HELDENHAFTER Kampf gegen Plastik genau hier, genau jetzt, in deiner Straße, in deinem Park oder auf deinem Schulspielplatz!

DEINE 2-MINUTEN-MISSION: Veranstalte einen #2MINUTEN-BLITZPUTZ. Nimm dir auf deinem Heimweg von der Schule oder im Park 2 Minuten Zeit, um einen alten Einkaufsbeutel mit Müll zu füllen. Entsorge alles, was sich recyceln lässt, in der Gelben Tonne, und wirf den Rest in den Hausmüll. Wie viel hast du in 2 Minuten gefunden?
20 PUNKTE

WIE DAS PLASTIK AUS DEINEM PARK INS MEER GELANGT

Unglaublich, aber wahr: Dein Park, deine Straße und auch dein Spielplatz sind mit dem Ozean verbunden! Alle Abwasserrohre führen zu Klärwerken, Kanälen oder Flüssen, die irgendwann ins Meer münden.

Auch die Mülltonnen, die deine Familie – genau wie alle anderen Familien in deiner Straße – regelmäßig für die Müllabfuhr nach draußen stellt, haben eine Verbindung zum Ozean. Falls ein Müllsack aufreißt oder eure Mülltonne umkippt und Plastik auf die Straße fällt, kann es in einen Gully oder Fluss geweht werden und so ins Meer treiben. Das Gleiche passiert mit weggeworfenen Chipstüten, Bonbonpapierchen und anderen leichten Abfällen.

Indem du deine Straße, den Spielplatz oder Park plastikfrei hältst, hilfst du also dabei, das Meer zu schützen.

Deshalb bist genau DU so wichtig im Kampf gegen Plastik.

SUPERHELD DES ALLTAGS

Name: Neil

Job: Müllsammler

Superkraft: hält die Landschaft sauber

Taktik gegen Plastik: hebt Abfall vom Boden auf – immer und überall, wo es nur geht

Top-Tipp: Nur nicht den Mut verlieren. Wir schaffen das!

Das hasst er: Menschen, die einem beim Müllsammeln zusehen, ohne selbst mit anzupacken

Das liebt er: das warme, wohlige Gefühl beim Anblick eines sauberen Strands

NEIL

WEGE VON PLASTIK INS MEER

10.

6.

5.

3.

7.

9.

1. überquellende Mülltonnen
2. achtlos weggeworfener Müll in Städten
3. am Strand zurückgelassener Müll
4. versehentlich aus Fabriken abge-
   lassener Müll
5. in der Waschmaschine gelöste
   Mikrofasern
6. durch die Toilette in die Kanalisation
   gespülter Müll
7. verlorene Angelausrüstung und
   Fischernetze
8. von Booten und Schiffen ins Meer
   geleerter Müll
9. verlorene Frachtcontainer
10. nachlässige Müllabfuhr

KAMPF DEM PLASTIK IN DEINER SCHULTASCHE

Was packen Superhelden in ihre Schultasche? Soll ich mal raten? Ich wette, in deiner stecken ein paar Bleistifte. Aber was ist mit Filzstiften oder Kugelschreibern? Alten Chipstüten? Schulbüchern? Heften? Einem Lineal? Süßigkeitenpapier? Einem einzelnen Handschuh vielleicht. Und ganz sicher findet sich in deiner Tasche eine wiederverwendbare Trinkflasche, oder? Diese Mission wird dir dabei helfen, überflüssiges Plastik aus deiner Schultasche zu verbannen.

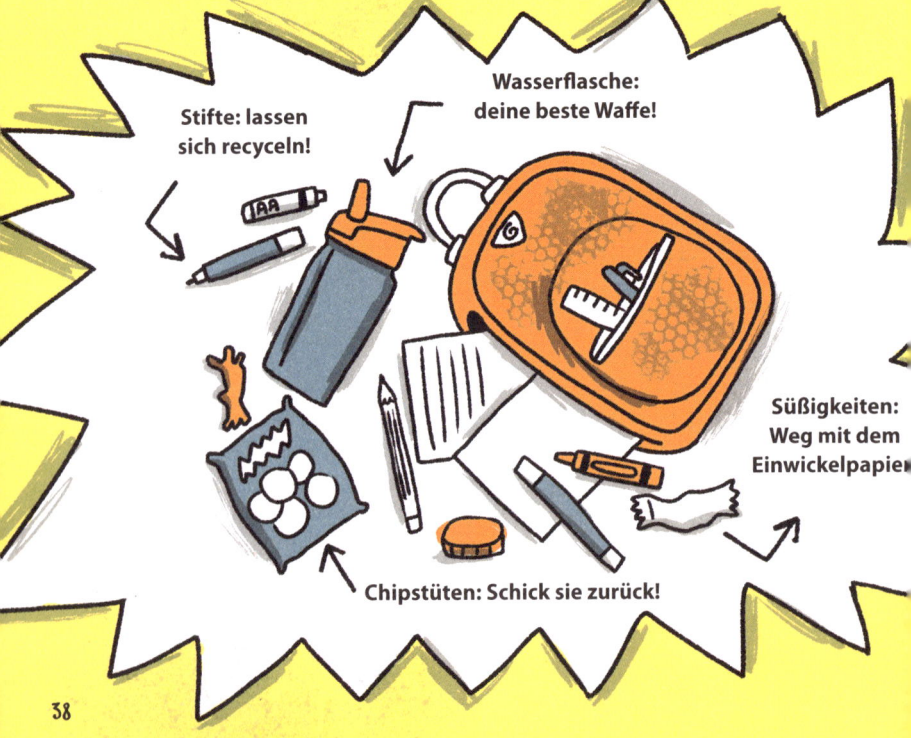

Stifte: lassen sich recyceln!

Wasserflasche: deine beste Waffe!

Süßigkeiten: Weg mit dem Einwickelpapier

Chipstüten: Schick sie zurück!

KICK DIE KULIS

Wusstest du, dass weltweit jeden Tag ungefähr 15 Millionen Kugelschreiber verkauft werden? Da sie aus Plastik und Metall bestehen, lassen sie sich nur schwer recyceln – sie sind als Wegwerfartikel gedacht: Sobald die Mine leer ist, landen sie im Müll. Allein in Deutschland werden jährlich – als Werbeartikel oder im Laden – rund 500 Millionen Kugelschreiber unter die Leute gebracht. Du kannst mit dafür sorgen, dass sie am Ende nicht auf der Mülldeponie landen.

ABFALLSPUR:

Zwischen 1950 und 2005 hat BIC, einer der weltgrößten Hersteller von Kugelschreibern, mehr als 100 Milliarden Plastikkulis verkauft. Damit könnte man eine Linie von der Erde zum Mond und zurück ziehen – und zwar mehr als 320.000-mal.

STIFTE AN DIE MACHT!

DEINE 2-MINUTEN-MISSION:

Gründe ein Stifte-Asyl! Bitte all deine Freunde, ihre Schultaschen zu leeren und alte Stifte zu sammeln. Schick sie dann mithilfe eines Lehrers über www.terracycle.com/de-DE an BIC, sodass sie recycelt werden können. UND verdien dir damit Punkte (und Geld) für deine Schule.
80 PUNKTE

WIESO DEINE WASSERFLASCHE DAS BESTE ÜBERHAUPT IST!

Deine wiederverwendbare Wasserflasche ist deine stärkste Waffe im Kampf gegen Plastik. Mit jedem neuen Befüllen tust du etwas Großartiges. Also bleib dran! Dreh den Wasserhahn auf, reduziere deinen Plastikmüll und hilf dem Meer.

- Durchschnittlich gehst du an 200 Tagen im Jahr zur Schule – und das 12–13 Jahre lang. Wenn du jeden Tag deine eigene Trinkflasche im Gebrauch hast, sparst du damit über deine gesamte Schullaufbahn 2.800 Einwegflaschen ein!

- Leitungswasser ist etwa 500-mal billiger als abgefülltes Wasser – und für dich in der Schule sogar komplett KOSTENLOS.

SUPERHELDIN DES ALLTAGS

Name: Deb

Job: Lehrerin

Superkraft: verwandelt kleine Ideen in GIGANTISCHE Projekte

Taktik gegen Plastik: hat Auffüllstationen für Trinkflaschen erfunden

Top-Tipp: Nimm deine wiederverwendbare Wasserflasche überallhin mit!

Das hasst sie: Einwegflaschen

Das liebt sie: kostenlos an Auffüllstationen frisches Wasser zu zapfen

DEB

- Leitungswasser ist gesünder als Softdrinks.

- Du kannst so viel davon trinken, wie du magst. Einfach immer wieder nachfüllen!

- 15 % des Plastikmülls an Stränden bestehen aus Plastikflaschen und Flaschendeckeln.

- Die meisten Plastikflaschen schwimmen nicht an der Oberfläche (es sei denn, sie sind zugeschraubt), sondern sinken auf den Meeresboden, wo sie dann liegen bleiben.

- Am Meeresgrund kann eine Plastikflasche in Tausende winziger Teilchen Mikroplastik zerfallen.

- Rund 45 Millionen Plastikflaschen werden in Deutschland jährlich verbraucht.

- 52 % davon – also mehr als die Hälfte – sind noch immer Einwegflaschen.

DEINE 2-MINUTEN-MISSION:

Gibt es in deiner Schule einen Trinkbrunnen oder eine Auffüllstation für Wasserflaschen? Dann bedien dich! Falls nicht: Wie wäre es mit einer Petition? Frag auch deine Eltern und die deiner Freunde, ob sie dafür unterschreiben wollen!

30 PUNKTE

VERFLIXTE EINWICKELPAPIERCHEN

Noch mal zurück zu deiner Schultasche. Wie viele alte Einwickel-papierchen von Bonbons oder Schokoriegeln hast du darin gefunden?

Die schlechte Nachricht:

Wusstest du, dass viele Süßigkeitenverpackungen sich wegen des Materials, aus dem sie bestehen, nicht recyceln lassen? Das ist blöd, denn hin und wieder brauchen Superhelden einfach einen ordent-lichen Zuckerschub. (Natürlich nur in Maßen und unter streng kontrollierten Bedingungen.)

Die gute Nachricht:

Es gibt nicht nur Süßigkeiten in Plastikverpackung! Manche werden nach wie vor in Papier und Folie verkauft, darunter auch Schokolade und Bonbons. Du kannst gemischte Tüten kaufen, die aus Papier be-stehen, und einige Naschereien gibt es in handlichen Blechdosen. Die Dosen verhindern, dass die Süßigkeiten ihren Geschmack verlieren, sind plastikfrei – und später kannst du sie prima zur Aufbewahrung von allerlei Kleinkram verwenden. Genial!

**DEINE 2-MINUTEN-MISSION: Falls deine Lieblingsleckereien in Plastik verpackt sind, ist es nun leider vielleicht an der Zeit, da-rauf zu verzichten. Dafür kannst du nun ganz neue Köstlichkei-ten entdecken! Schnapp dir eine Dose voller Süßigkeiten oder stell dir selbst eine Mischung in der Papiertüte zusammen!
10 PUNKTE**

CHIPS

Deine letzte Tüte Chips liegt noch gar nicht so lange zurück, stimmt's? Was hast du hinterher mit der Verpackung gemacht? Ist sie im Abfalleimer gelandet? Leider war das bisher das Einzige, was wir damit anstellen konnten.

Die schlechte Nachricht:
Chipstüten lassen sich RICHTIG schwer recyceln, weil sie aus Plastik mit Folienbeschichtung bestehen. Die meisten landen auf einer Müllkippe. Geschockt? Warte nur, es kommt noch schlimmer …

Die allerschlechteste Nachricht:
Lay's, einer der weltweit größten Chipshersteller, produziert 11 Millionen Chipstüten pro Tag! Das macht 4.004.000.000 Tüten im Jahr (sofern die Produktion an Weihnachten für einen Tag stillsteht). Und in 2 Minuten? 15.278 Päckchen.

Die gute Nachricht:
Im Jahr 2018 hat sich Walkers – so heißt Lay's in Großbritannien – mit TerraCycle zusammengetan, um möglichst viele dieser Chipstüten zurückzugewinnen und zu recyceln. Dort kann man sie nun sammeln, einschicken – und weiß so, dass sie wiederverwertet werden. Hierzulande gibt es ein solches Projekt leider noch nicht …

DEINE 2-MINUTEN-MISSION: Heb all deine Chipstüten auf – und lass dir auch die leeren Tüten deiner Freunde geben. Richte mithilfe eines Lehrers eine Sammelstelle für Chipstüten ein. Schreibt alle zusammen an Lay's oder einen anderen großen Chipshersteller, erzählt von dem britischen Programm und wünscht euch etwas Ähnliches auch für Deutschland. Wenn viele von euch mitmachen, bewegt sich vielleicht etwas!
80 PUNKTE

KAMPF DEM PLASTIK IN DER SCHULPAUSE

Plastik-Gewohnheiten zu ändern, die unser ganz persönliches Leben betreffen, kann schwerfallen – besonders wenn es darum geht, auf köstliche Snacks zu verzichten. Wenn du für deine Schulpausen leckere Sachen einpackst, die aber in Plastik daherkommen, stehen dir ein paar schwierige Entscheidungen bevor. Bist du bereit, um deine Pausensnacks zu kämpfen? Ja? Dann bist du auf dem besten Weg, ein echter Umweltheld zu werden!

SUPERHELD DES ALLTAGS

Name: Helford der Held

Job: Delfin

Superkraft: superintelligent

Taktik gegen Plastik: hat stundenlang mit einer Angelschnur aus Plastik gekämpft, ehe er gerettet wurde

Top-Tipp: Iss ausschließlich Fisch, der mit delfinfreundlichen Netzen gefangen wurde!

Das hasst er: Menschen, die Fischernetze im Meer entsorgen

Das liebt er: lustige Spiele mit anderen Delfinen

HELFORD DER HELD

EIN BLICK IN DEINE BROTDOSE

Superhelden brauchen eine Pausenstärkung. Das ist eine Tatsache. Aber worin ist die verpackt? Nimmst du Plastikbesteck mit in die Schule? Oder Chips in der Tüte? Vielleicht ein Trinkpäckchen samt Strohhalm? Und was ist mit den gesunden Snacks? Ein Plastiktütchen geschälter Babykarotten aus dem Supermarkt? Dann ist es wohl an der Zeit, etwas zu ändern.

DEINE 2-MINUTEN-MISSION:
Bitte in der nächsten Pause drei deiner Freunde, dir ihre Brotboxen zu zeigen. Zeig ihnen deine. Findet sich in ihren Boxen Plastik? Schwört euch gegenseitig, in Zukunft auf MINDESTENS einen Plastikartikel zu verzichten.
10 PUNKTE

Ich sehe, sie haben PLASTIK IM BAUCH, Mr Brotbox!

ÜBERNIMM DIE VERANTWORTUNG FÜR DEINE BROTDOSE

Jeden Tag sein Pausenfrühstück selbst zuzubereiten, kostet Zeit und Müh.
Leider ist die einfachste Lösung oft die schlechteste für unseren Planeten:

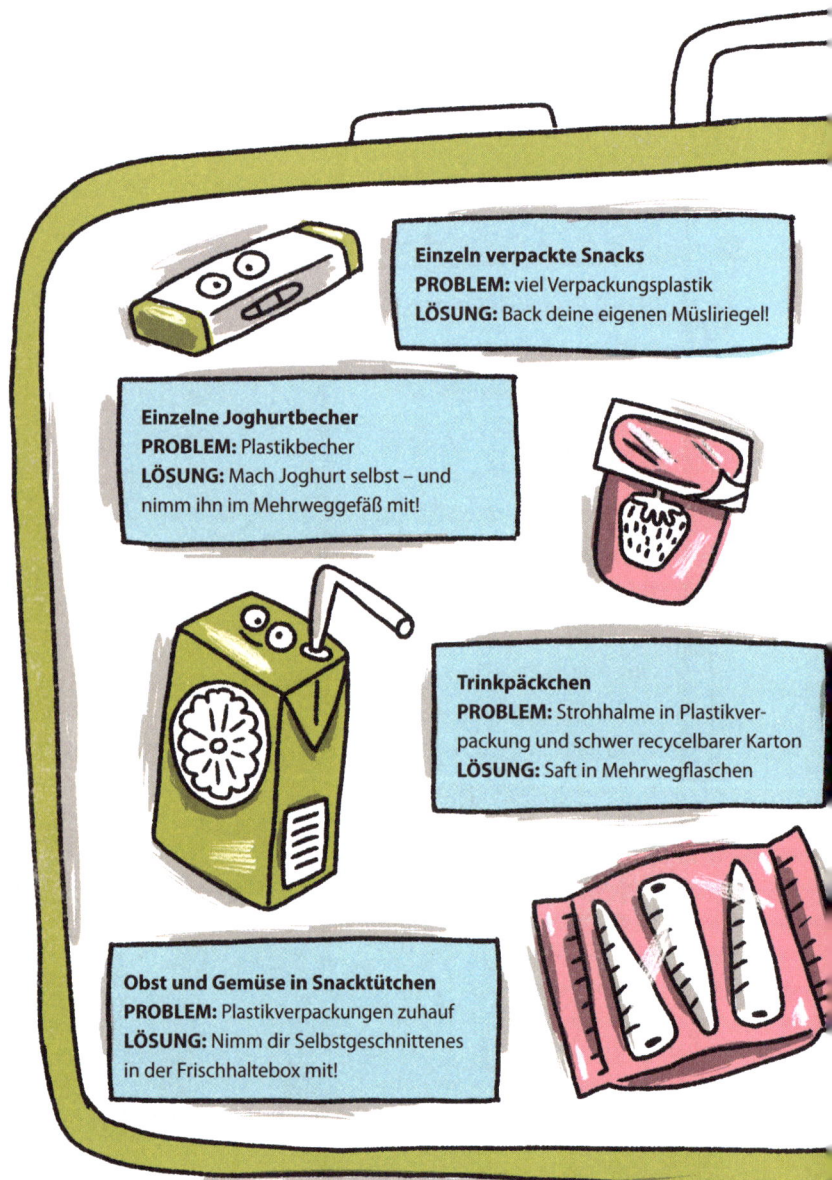

Einzeln verpackte Snacks
PROBLEM: viel Verpackungsplastik
LÖSUNG: Back deine eigenen Müsliriegel!

Einzelne Joghurtbecher
PROBLEM: Plastikbecher
LÖSUNG: Mach Joghurt selbst – und
nimm ihn im Mehrweggefäß mit!

Trinkpäckchen
PROBLEM: Strohhalme in Plastikver-
packung und schwer recycelbarer Karton
LÖSUNG: Saft in Mehrwegflaschen

Obst und Gemüse in Snacktütchen
PROBLEM: Plastikverpackungen zuhauf
LÖSUNG: Nimm dir Selbstgeschnittenes
in der Frischhaltebox mit!

Vorgeschnittene Äpfel, abgepackte Schokoriegel, fertige Sandwiches oder Salate und Trinkpäckchen kommen oft in jeder Menge Plastik daher.

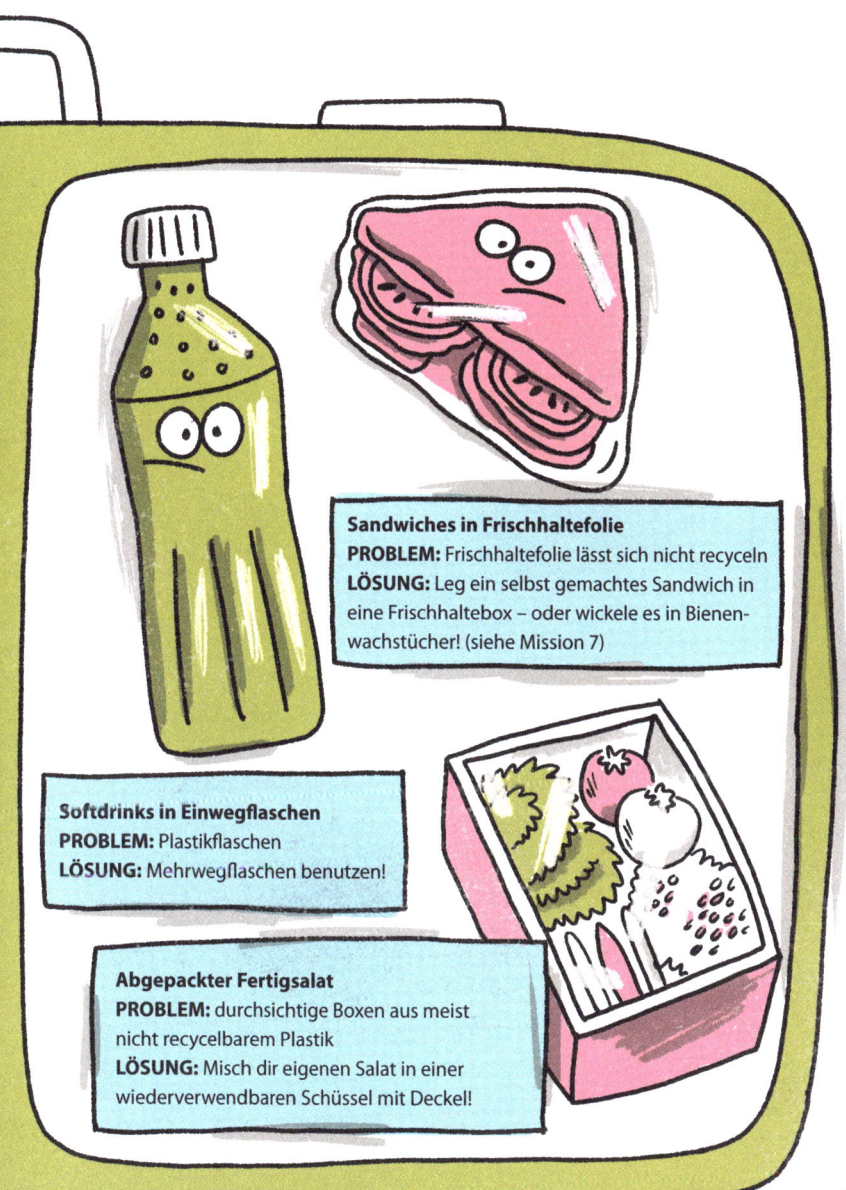

Sandwiches in Frischhaltefolie
PROBLEM: Frischhaltefolie lässt sich nicht recyceln
LÖSUNG: Leg ein selbst gemachtes Sandwich in eine Frischhaltebox – oder wickele es in Bienenwachstücher! (siehe Mission 7)

Softdrinks in Einwegflaschen
PROBLEM: Plastikflaschen
LÖSUNG: Mehrwegflaschen benutzen!

Abgepackter Fertigsalat
PROBLEM: durchsichtige Boxen aus meist nicht recycelbarem Plastik
LÖSUNG: Misch dir eigenen Salat in einer wiederverwendbaren Schüssel mit Deckel!

KAMPF DEM PLASTIK IN DER SCHULMENSA

Wie viele Mittagessen werden in deiner Schulmensa täglich serviert? Falls es dazu bei euch Plastikstrohhalme, Plastikbesteck, Trinkpäckchen, Plastikflaschen oder Plastikbehälter gibt, kannst du dir ganz leicht ausrechnen, wie viel Plastik deine Schule einsparen könnte, indem sie auf plastikfreie Alternativen umsteigt. Zeit, für eine plastikfreie Schulmensa zu kämpfen!

Stell dir vor, wie viele Mittagessen deine Schule im Lauf eines Schuljahres ausgibt.

Und dann überleg dir, wie viele Schulen es im ganzen Land gibt.

DEINE 2-MINUTEN-MISSION: Mach andere aufmerksam! Frag einen Lehrer, ob du vor deinen Schulkameraden von deinem Einsatz als #umweltheldin2minuten erzählen darfst. Erklär, weshalb du versuchst, deinen Plastikverbrauch zu verringern, und wie du dabei vorgehst. Bitte deine Mitschüler, ein Versprechen zu unterschreiben, dass sie dir in Zukunft helfen. **50 PUNKTE**

Rechne aus, wie viele
Mittagessen pro Jahr in Schulen
gegessen werden.

Und vergiss nicht:
Ein einziger Plastikstrohhalm genügt,
um eine Schildkröte zu töten.

DEINE 2-MINUTEN-MISSION: Gibt es in deiner Schule eine
Recycling-Station für Einmalplastik wie Joghurtbecher, Strohhalme oder Einwegflaschen? Falls nicht, richte eine ein! Hol dir
die Erlaubnis eines Lehrers und deines Schulleiters. Bastele Hinweisschilder, damit jeder weiß, was in welchen Sammelbehälter
gehört.
40 PUNKTE

KAMPF DEM PLASTIK IM SUPERMARKT

Hier wird es ernst im Kampf gegen Plastik. Wieso? Weil Verpackungen für Lebensmittel und Getränke einen der größten Anteile an Einmalplastik ausmachen. Und je mehr wir unternehmen, um unsere Abhängigkeit davon zu verringern, desto erfolgreicher bekämpfen wir Plastik. Aber keine Sorge: Ich werde mir Mühe geben, diesen Teil deiner Ausbildung spaßig zu gestalten. Und mich kurz zu fassen.

WARUM VERWENDEN SUPERMÄRKTE SO VIEL PLASTIK?

Es gibt jede Menge Gründe dafür, dass es in Supermärkten von Plastikverpackungen nur so wimmelt.

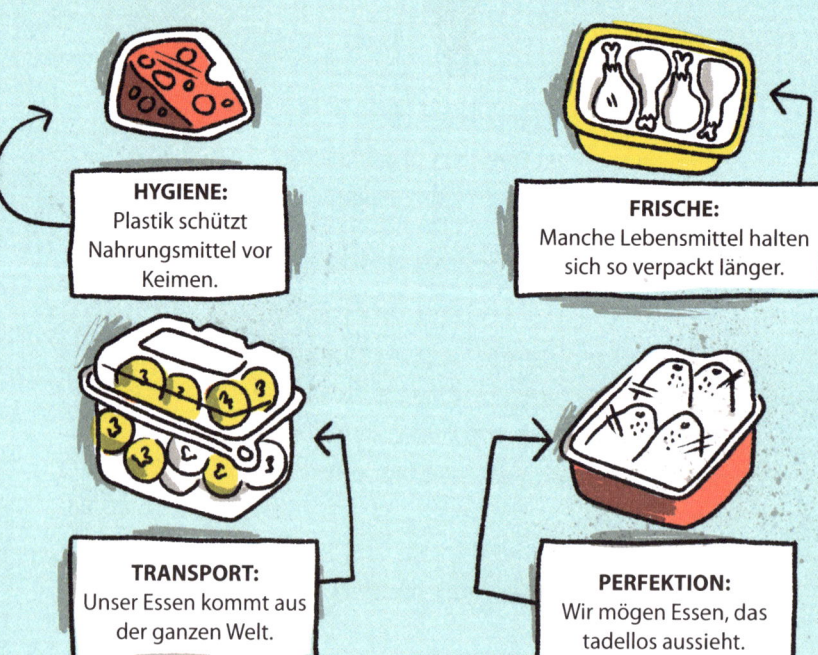

HYGIENE:
Plastik schützt Nahrungsmittel vor Keimen.

FRISCHE:
Manche Lebensmittel halten sich so verpackt länger.

TRANSPORT:
Unser Essen kommt aus der ganzen Welt.

PERFEKTION:
Wir mögen Essen, das tadellos aussieht.

WIE KANNST DU PLASTIKMÜLL BEI LEBENSMITTELN VERMEIDEN?

- Kauf Obst und Gemüse ohne Plastikverpackung.

- Kauf in Hofläden ein.

- Kauf auf dem Wochenmarkt ein.

- Nimm eigene Schalen und Behälter an die Frischetheke mit.

- Nimm immer eigene Einkaufskörbe oder Taschen mit!

KOMFORT:
Die Zubereitung soll möglichst schnell gehen.

PORTIONEN:
Mengen, die man auf einmal verzehren kann, sind praktisch.

MARKETING:
Eine ansprechende Verpackung verleitet zum Kauf.

NERVENSÄGENPOWER GEGEN PLASTIK!

Schleppen deine Eltern dich zum Lebensmitteleinkauf mit? Super!
Umwelthelden lieben das, denn so haben sie die Chance, auf den
Einkauf Einfluss zu nehmen. Nerv deine Eltern! Geh ihnen so richtig
auf den Geist – damit sie bei der Essensauswahl die besten Entscheidungen treffen. Wenn es Alternativen gibt, die nicht in Plastik
verpackt sind, bring deine Eltern dazu, dich in deinem Kampf zu
unterstützen, indem sie ihre Einkaufsgewohnheiten ändern!

DEINE 2-MINUTEN-MISSION:
Biete an, beim Lebensmitteleinkauf zu helfen – dann
kannst du mitbestimmen,
was bei euch im Einkaufs-
wagen und im Kühlschrank
landet.
20 PUNKTE

ÄNDERE DEIN EINKAUFSVERHALTEN – GIB PLASTIK KEINE CHANCE!

Plastik im Supermarkt zu bekämpfen, kann knifflig sein. Vielleicht ist es also an der Zeit, anderswo einzukaufen. Auf Wochenmärkten macht das ohnehin viel mehr Spaß, und du bekommst dort tolles und frisches Obst und Gemüse aus der Region, ohne die ganze überflüssige Verpackung.

Du könntest mit deinen Eltern auch in einen Unverpackt-Laden oder Großmarkt gehen – dort gibt es jede Menge Trockenware wie Mehl, Zucker, Salz, Nudeln und Reis oder Müsli ganz ohne Verpackung. Vergiss nicht, eigene Behälter zum Selbstabfüllen mitzunehmen!

> **DEINE 2-MINUTEN-MISSION:** Mach einen plastikfreien Einkaufsbummel und komm mit NULL Verpackungsmüll zurück!
> **40 PUNKTE**

KAMPF DEM PLASTIK IN DER KÜCHE

Wer hat bei euch zu Hause in der Küche das Sagen? Wenn du es wirklich ernst meinst mit deinem Kampf gegen Plastik in der Küche, wirst du vielleicht das Küchenruder an dich reißen müssen. Denn in der Küche lässt sich eine Menge gegen Plastik unternehmen: Du kannst Lebensmittel in Plastikverpackung meiden, dich ein bisschen beim Abwasch einbringen, SEHR strenge Regeln gegen Plastiktüten aufstellen, ohne Plastik kochen lernen und deiner Familie dabei helfen, bessere plastikfreie Alternativen zu finden.

MACH EURE KÜCHE ZUR PLASTIKTÜTENFREIEN ZONE

Wie viele Tüten verstecken sich unter eurer Küchenspüle? Ich wette, es sind etliche!

Dein Job besteht jetzt darin, sie gegen Stoffbeutel auszutauschen, die ihr immer wieder verwenden könnt. Lass deine Familie nichts anderes mehr benutzen.

Seit 2016 kosten Plastiktüten an der Kasse in Deutschland Geld. Vorher lag der Verbrauch bei jährlich fast 70 Plastiktüten pro Kopf – heute nutzt jeder von uns nur noch knapp 25 Tüten. Das ist ein Rückgang von mehr als 60 %.

Und es zeigt, dass kleine Veränderungen zusammengenommen eine GEWALTIGE Wirkung haben können. Weiter so!

DEINE 2-MINUTEN-MISSION:
Hiermit hast du einen neuen Job: Du bist jetzt Tütenpolizist! Verkünde ein ausnahmsloses Verbot von Plastiktüten bei euch zu Hause. Sorg dafür, dass deine Familienmitglieder KEINE AUSREDE finden, um Plastiktüten zu verwenden. Leg Stoffbeutel ins Auto und unter die Spüle und drück jedem einen in die Hand. Falls doch jemand von euch Plastiktüten benutzt, ist eine Strafe von 10 Cent fällig.
20 PUNKTE

SPÜLEN OHNE PLASTIK

Spülkontrolle! Benutzt deine Familie Spülschwämme oder kauft ihr Spülmittel in Plastikflaschen? Dann kannst du hier etwas unternehmen! Die meisten Topfschrubber bestehen aus Plastik – jedes Mal, wenn du sie verwendest, werden also winzige Plastikpartikel in den Abfluss gespült und gelangen so letztlich ins Meer. Und auch, wenn du normale Spültücher und Lappen nimmst, riskierst du, Hunderte kleiner Mikrofasern in die Ozeane zu schwemmen.

DEINE 2-MINUTEN-MISSION: Tausch Topfreiniger aus Plastik gegen solche aus Kokosfasern, Sisal oder Metall und verwende Baumwolllappen zum Spülen. Füll eure Spülmittelflasche in einem Unverpackt-Laden immer wieder auf.
30 PUNKTE

AUF DIE TÖPFE, FERTIG, LOS!

Kannst du kochen? Falls nicht, ist jetzt der perfekte Zeitpunkt, um
dich an den Herd zu wagen. Kochen mit frischen Zutaten (die nicht in
Plastik verpackt sind) ist viel besser für unseren Planeten als Lebensmittel, die in massenweise Plastik daherkommen: Fertiggerichte,
Suppen oder Salate in Plastikschalen. Wenn du mit unverpacktem
Gemüse kochst, reduzierst du deinen Plastikverbrauch schlagartig.
Noch mehr Plastik sparst du, indem du lernst, selbst Kuchen, Brot
und Pizzaböden zu backen. Außerdem kann Kochen riesigen Spaß
machen. Probier's aus!

SCHLUSS MIT MINI-PORTIONEN

Bei Lebensmitteln, die in Einzelportionsgrößen verpackt sind –
etwa kleinen Joghurtbechern und Snacktütchen –, fällt locker die
doppelte Menge an Plastikverpackung an. Sag Nein dazu! Du kannst
dir Joghurt aus einem großen Glas abfüllen, einen Keks aus einer großen Schachtel nehmen und Müsli aus dem großen Karton schütten.
Kein Problem!

DEINE 2-MINUTEN-MISSION: Welches Müsli isst du am liebsten?
Such die größte und die kleinste Schachtel davon, die du finden
kannst. Rechne aus, wie viele Portionen in jeder enthalten sind
und wie viele Schachteln du jeweils bräuchtest, um 100 Müslischalen zu füllen.
10 PUNKTE

WEG MIT DER FRISCHHALTEFOLIE

Frischhaltefolie lässt sich praktisch nicht recyceln. Die Lösung: Stell deine eigene, zu 100 % natürliche Alternative her. Das geht kinderleicht, du kannst sie immer wieder verwenden, und sie hält Lebensmittel genauso lange frisch!

DEINE 2-MINUTEN-MISSION: Stell zusammen mit einem Erwachsenen Bienenwachstücher her. Besorg dir bunten Stoff und bestreich ihn mit Bienenwachs. Veganer können Wachs auf Pflanzenbasis nehmen. Damit die Tücher besser haften, gib zusätzlich Kiefernharz darauf. **40 PUNKTE**

ANLEITUNG FÜR BIENENWACHSTÜCHER

1. Schneide mithilfe eines Erwachsenen Quadrate von 25 × 25 cm aus alten, gewaschenen Stoffresten aus – vielleicht aus einem alten Schul-T-Shirt.

2. Schmilz die Chips oder Blöcke aus Bienenwachs – für 10 Tücher brauchst du ungefähr 100 g – in einer Schüssel im Wasserbad. Sobald das Wachs geschmolzen ist, gib einen Teelöffel Kokosöl dazu, dann werden die Tücher weicher und geschmeidiger.

3. Leg ein Backblech mit Pergamentpapier aus und platziere ein Stoffquadrat darauf. Streich mit einem alten, sauberen Pinsel eine Seite des Stoffs mit dem geschmolzenen Bienenwachs ein.

4. Schieb das Blech vorsichtig für etwa eine Minute in den heißen Ofen (bei ungefähr 140 °C Umluft).

5. Hol das Blech mit Ofenhandschuhen wieder heraus. Nimm den Stoff mit zwei Wäscheklammern vom Pergamentpapier.

6. Halte ihn 2 Minuten lang zum Auskühlen über das Blech.

7. Lass ihn anschließend auf einem Abtropfgitter trocknen.

8. Wasch dein Wachstuch nach jedem Gebrauch in kaltem Wasser aus – und dann sei ein Held und verwende es wieder!

KAMPF DEM PLASTIK IM GARTEN

Bist du bereit, dir die Hände schmutzig zu machen? Umwelthelden mit grünem Daumen werden diese Mission lieben. Wieso? Weil sie sich ganz darum dreht, Plastik im Garten den Kampf anzusagen – und weil du lernst, wie du mithilfe von altem Plastik neue Pflanzen wachsen lassen kannst. Und ordentlich dreckig wirst du dabei auch. Großartig!

SELBST GEMACHTER KOMPOST

Wenn du etwas anpflanzen willst, gibt es dafür keinen besseren Nährboden als Kompost. Pflanzen lieben ihn, weil er aus verrottetem Material besteht, das voller natürlicher Nährstoffe steckt.

Kompost selbst herzustellen ist kinderleicht, wenn du ein bisschen Platz hast – allerdings dauert es eine Weile. Definitiv länger als 2 Minuten!

Falls du keine Möglichkeit hast, selbst Kompost zu machen, kannst du ihn oft bei der örtlichen Gemeinde bekommen. Dort wird er – genauso wie zu Hause – aus gesammelten Essens- und Gartenabfällen hergestellt, und manchmal musst du nicht einmal dafür bezahlen!

KOMPOST HERSTELLEN – SO GEHT'S

1. Besorg dir einen Komposteimer oder eine Tonne von der örtlichen Gemeinde – oder leg einen Komposthaufen im Garten an.

2. Sammle Gemüseschalen und grüne Gartenabfälle.

3. Wirf sie in deinen Kompostierer.

4. Wende den Inhalt alle paar Wochen, damit er schneller verrottet.

5. Tadaa! Dein eigener Kompost!

PLASTIK SPAREN DURCH EIGENANBAU

Nahrungsmittel selbst anzubauen macht Spaß – und ist oft leichter, als du denkst. Außerdem musst du so weniger Gemüse und Salat im Supermarkt kaufen. Salat gibt es dort oft nur in Tüten oder Plastikfolien, die sich nicht recyceln lassen. Deshalb ist es sinnvoll, Salat zu Hause anzupflanzen, um so Plastikmüll zu vermeiden. Ein weiterer Vorteil: Salat ist gesund. Und lecker noch dazu.

SO PFLANZT DU SALAT ZU HAUSE AN

1. Besorg dir ein paar gemischte Salatsamen.

2. Füll eine große, saubere Plastikschale – vielleicht eine frühere Fast-Food-Verpackung – mit Kompost.

3. Verteil darauf die Samen und bedecke sie mit einer zweiten dünnen Kompostschicht.

4. Stell die Schale auf eine sonnige Fensterbank. Gieße sie vorsichtig an, halte alles feucht und warte 10 Tage.

5. Schneide die Salatblätter ab, solange sie noch klein sind. Lass sie dann ein bisschen nachwachsen. Und ernte erneut.

PLASTIK WIEDERVERWENDEN

Leider gibt es immer noch viel zu viel Einmalplastik. Beim Gärtnern kannst du es aber wunderbar wiederverwenden. Joghurtbecher, Plastikschalen und Plastikflaschen eignen sich prima, um Samen hineinzupflanzen.

DEINE 2-MINUTEN-MISSION: Schneide eine durchsichtige Plastikflasche in der Mitte durch und füll den Flaschenboden mit Kompost. Drück am Rand drei Erbsensamen hinein. Gieß sie und stell sie auf die Fensterbank. Bald kannst du den Samen unter der Erde beim Keimen zusehen. Sobald sie groß genug sind, pflanz sie im Freien in ein geräumigeres Gefäß um. Jetzt kannst du entweder Erbsensprossen für deinen Salat abschneiden - oder etwas später Erbsen ernten. **20 PUNKTE**

SUPERHELDIN DES ALLTAGS

Name: Dr. Alge

Job: Gärtnerin

Superkraft: grüner Daumen

Taktik gegen Plastik: verwendet zum Gärtnern alte Plastikgefäße wieder

Top-Tipp: Leg einen Komposthaufen an, um aus deinen alten Gemüseschalen neue Pflanzen sprießen zu lassen!

Das hasst sie: Müll, der nicht wiederverwertet wird

Das liebt sie: neuem Leben beim Wachsen zuzusehen

DR. ALGE

GRÜNDE EINEN GÄRTNERCLUB

Falls du zu Hause keine Möglichkeit hast, einen Gemüsegarten anzu-
legen, dann hilf mit, in deiner Schule oder in der Nachbarschaft einen
Gärtnerclub einzurichten. Pflanzt anfangs einfache Gemüsesorten
wie Tomaten und steigert euch dann. Im Nu habt ihr vielleicht einen
richtigen Marktgarten oder eine kleine Farm angelegt!

**DEINE 2-MINUTEN-MISSION: Erzähl einem Lehrer von deiner
Idee mit dem Gärtnerclub oder schlag vor, im Klassenzimmer
Salat oder Gemüse anzubauen. Bring übrig gebliebene
Plastikschalen, Schüsseln oder Behälter mit in die Schule und
nimm später das selbst gezogene Gemüse mit nach Hause.
20 PUNKTE**

KAMPF DEM PLASTIK IM BADEZIMMER

**Auch im Badezimmer lässt sich Plastik hervorragend bekämpfen.
Warum? Weil sich dort so viel davon versteckt! Zahllose Hygiene-
und Kosmetikprodukte, von der Seife bis zum Shampoo, bestehen
entweder aus Plastik oder kommen in Plastikverpackung daher.
Vielleicht erscheint es dir deshalb erst einmal schwierig, auf plastikfreie Alternativen umzusteigen, aber es ist wirklich machbar!
Und du wirst feststellen, dass die folgenden 2-Minuten-Missionen
leichter umzusetzen sind, als du denkst.**

BADEZIMMER-PLASTIK ENTHÜLLT

- Fast alle der knapp 83 Millionen Menschen in Deutschland
  benutzen gewöhnliche Plastikzahnbürsten – und davon ungefähr
  vier Stück pro Jahr.

- Zusammen entsorgen wir somit jährlich rund 332 Millionen
  Zahnbürsten!

- Ebenfalls millionenfach werden Wattestäbchen mit Plastikschaft
  und Feuchttücher verwendet.

- Wattestäbchen gehören zu den Plastikartikeln, die bei Strand-
  säuberungsaktionen mit am häufigsten gefunden werden.
  Sie sind klein genug, um durch die Filter der Kanalisation und
  so letztlich ins Meer gespült zu werden.

Zahnbürsten bestehen fast immer aus Plastik. Das muss aber nicht so sein.

DEINE 2-MINUTEN-MISSION: **Versuch es mal mit einer Zahnbürste aus Bambus, einem der am schnellsten nachwachsenden und nachhaltigsten Rohstoffe der Welt. Wenn du sie irgendwann entsorgen willst, kannst du sie einfach auf den Kompost werfen. 20 PUNKTE**

Zahnpasta kommt für gewöhnlich in Plastiktuben daher. Und auch das ist gar nicht nötig. Einige Marken gibt es in Metalltuben, die sich leicht recyceln lassen, andere bieten Zahnpasta in Tablettenform oder in Gläsern an.

DEINE 2-MINUTEN-MISSION: **Probier Zahnpasta aus dem Glas oder in Tablettenform aus. Das mag anfangs ungewohnt sein, aber es wird funktionieren und ist eine fantastische Methode, um zweimal täglich Plastik zu bekämpfen. 20 PUNKTE**

Flüssigseife wird normalerweise in Plastikbehältern verkauft – manche davon lassen sich wieder auffüllen, andere werden einfach weggeworfen oder recycelt, sobald sie leer sind. Die Pumpköpfe sind durch die darin verbauten Federn ebenfalls nur schwer zu recyceln.

DEINE 2-MINUTEN-MISSION: Tausch eure Seife aus!
Verabschiede dich von dem Flüssigzeug und nimm statt-dessen Seife am Stück, die in Papier verpackt ist.
10 PUNKTE

Shampoo, Haarspülung und Duschgel findest du am häufigsten in Einmalflaschen aus Plastik. Die kann man zwar recyceln, besser ist es aber, ganz darauf zu verzichten.

DEINE 2-MINUTEN-MISSION: Versuch es mal mit festem
Shampoo und einem Stück Körperseife statt Duschgel.
10 PUNKTE

Toilettenpapier besteht nicht aus Plastik, aber die Rollen stecken häufig in einer Plastikhülle.

DEINE 2-MINUTEN-MISSION: Halte im örtlichen Supermarkt nach Toilettenpapier Ausschau, das in Papierverpackung angeboten wird.
10 PUNKTE

Wattestäbchen haben oft einen Schaft aus Plastik.

DEINE 2-MINUTEN-MISSION: Such nach Wattestäbchen mit Papierschaft – und kauf stattdessen die.
10 PUNKTE

⭐ **SUPERHELDIN DES ALLTAGS** ⭐

Name: Rowena

Job: Kosmetik-Entwicklerin

Superkraft: stellt abfallfreie Produkte zur Körperreinigung her

Taktik gegen Plastik: entwickelt Seifen und Shampoos, die keine Plastikflaschen brauchen

Top-Tipp: Haarseifen am Stück reichen ewig und verursachen keinen Plastikmüll!

Das hasst sie: Dinge, die nicht wiederverwendet werden

Das liebt sie: auf einem sauberen, ordentlichen Planeten zu leben

ROWENA

KAMPF DEM PLASTIK IM KLO

Wer hat Lust auf einen Besuch in der Kläranlage? Nimm dir eine Wäscheklammer für die Nase mit – es könnte stinkig werden. Hier nämlich kommen all dein Pipi und deine Kacke an, nachdem du sie im Klo hinuntergespült hast. Leider landet im Klärwerk jedoch auch jede Menge anderer Kram. Und der wird für die Meere zum Problem.

ERST DENKEN, DANN SPÜLEN

Jedes Mal, wenn du die Klospülung benutzt, rauscht der komplette Inhalt der Toilettenschüssel durch die Rohre in die Kanalisation und von dort ins Klärwerk, wo er gefiltert und gereinigt wird.

Das Problem damit: Die Filter der Kläranlage können nicht alles auffangen. Kleine Dinge wie Wattestäbchen flutschen hindurch und gelangen so in den Wasserkreislauf und letztlich ins Meer. Feuchttücher – die aus Plastik bestehen – verfangen sich in den Anlagen oder in Fettbergen, also großen Klumpen aus geronnenem Fett, die sich aus Schmiere und Öl bilden, die Leute in ihre Spüle, ins Waschbecken oder Klo gekippt haben.

JETZT WIRD ES MIEFIG

Wenn durch sehr starken Regen mehr Wasser anfällt, als die Kläranlagen verarbeiten können, senken die Wasser- und Abwasserbetriebe den Druck, indem sie die ungeklärten Abwässer durch riesige Rohre ablassen, die als Regenüberläufe oder Mischwasserentlastung bezeichnet werden. Das ganze Pipi, die Kacke und Kotze, das Papier und alles andere, was irgendwo ins Klo gespült worden ist, rauscht dann direkt in die Flüsse und schließlich ins Meer. So kann es irgendwann an einem Strand angeschwemmt werden. Auf diesem Weg sind auch all die Pflaster, Wattestäbchen, Feuchttücher und Einführhilfen von Tampons an MEINEM STRAND gelandet.

> DEINE 2-MINUTEN-MISSION: Bitte einen Lehrer, einen Ausflug zu eurem örtlichen Klärwerk zu organisieren. Das klingt vielleicht nicht besonders spaßig, ist aber garantiert SEHR interessant.
> **100 PUNKTE**

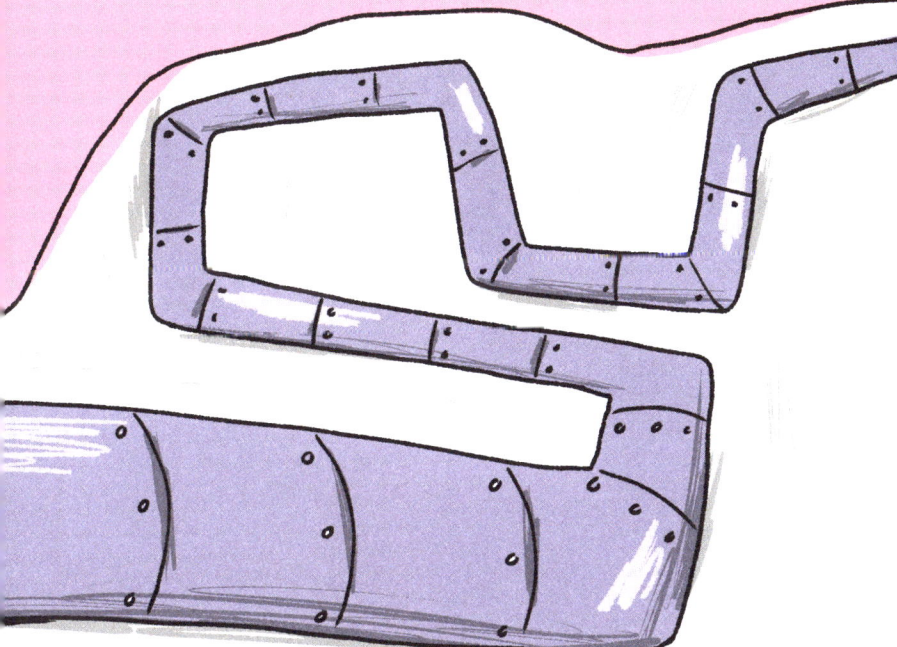

DAS DARF INS KLO

Pipi

Kacke

Kotze

DIE
»KLO«-REICHEN
VIER

Papier

DAS DARF NICHT INS KLO

Wattestäbchen

Feuchttücher

Glitzer

Mikrokügelchen

Spielzeugsoldaten

Plastiktüten

Hygieneprodukte für Frauen

Pflaster

Wattepads

Verbände

ALLES, WAS NICHT ZU DEN »KLO«-REICHEN VIER ZÄHLT

LIEBE DEIN KLO

Denk immer daran: Nur Pipi, Kacke, Kotze und Papier dürfen ins Klo gespült werden!

DEINE 2-MINUTEN-MISSION: Zähl nach, wie viele Toiletten du regelmäßig benutzt. Gestalte für jede davon ein Schild, auf dem steht: ABGESPÜLT WERDEN HIER: NUR PIPI UND KACKE, KOTZE UND PAPIER! DANKE DIR!
20 PUNKTE

Frag alle in deiner Familie, was sie ins Klo spülen.

DEINE 2-MINUTEN-MISSION: Falls jemand in deiner Familie etwas anderes als die »KLO«-REICHEN VIER abspült, frag, ob du einen Eimer – mit Deckel – neben der Toilette aufstellen darfst, in dem solche Dinge entsorgt werden können. So landen sie auf der Müllkippe oder werden recycelt.
20 PUNKTE

FAKTENBERG:
Im Jahr 2018 wurde in der Kanalisation von Sidmouth in der englischen Grafschaft Devon ein 64 Meter langer Fettberg entdeckt – also ein gigantischer Haufen aus Feuchttüchern, Fett und Öl aus Küchenabfällen, der länger war als sechs Doppeldeckerbusse hintereinander!

Feuchttücher bestehen oft aus Plastik und sollten niemals durch die Toilette gespült werden. Bei unseren Strandsäuberungen finden wir immer jede Menge davon. Mal ehrlich: Ein Waschlappen eignet sich genauso gut zum Sauberwischen, und er kann wiederverwendet werden!

DEINE 2-MINUTEN-MISSION: Falls deine Familie Feuchttücher verwendet, kleb einen Zettel ans Klo, der alle daran erinnert, sie niemals hinunterzuspülen!
10 PUNKTE

⭐ **SUPERHELDIN DES ALLTAGS** ⭐

Name: Shayna

Job: Blassfuß-Sturmtaucher

Superkraft: Fischern entwischen

Taktik gegen Plastik: war im Fernsehen zu sehen – mit einem Magen voller Plastik

Top-Tipp: NICHT ABSPÜLEN! Für Meeresvögel sieht Plastik wie Nahrung aus – und schmeckt auch so.

Das hasst sie: gefressenes Plastik wieder auswürgen zu müssen

Das liebt sie: kein Plastik mehr im Magen zu haben

SHAYNA

KAMPF DEM PLASTIK IN DEINEM KLEIDER-SCHRANK

Ich weiß, was du gerade denkst! Nämlich, dass du kein Plastik im Kleiderschrank hast, stimmt's? Ob du es glaubst oder nicht: Dein Kleiderschrank – oder Kleiderhaufen, falls du einfach immer alles auf einen Berg auf dem Fußboden wirfst – ist ein lohnendes Schlachtfeld zur Plastikbekämpfung. Viele Kleidungsstücke werden aus Kunstfasern hergestellt, die im Grunde nichts anderes sind als Plastik, zum Beispiel Nylon, Elastan und Polyester. Und bei jeder Wäsche verlieren solche Plastikklamotten unzählige winzige Fasern, sogenannte Mikrofasern, die durch den Abfluss geradewegs ins Meer geschwemmt werden.

WIESO PLASTIK AUSGEDIENT HAT

Nylon, Polyester, Acryl und andere Kunstfasern (die nicht aus der Natur stammen) werden allesamt aus unterschiedlichen Sorten von Polymeren (Plastik) hergestellt, zersetzen sich deshalb nicht und sind auch nicht biologisch abbaubar. Fußballtrikots, Funktionsshirts, Sportsocken und Windjacken bestehen häufig aus künstlichen Fasern – welche Materialien genau verarbeitet sind, verrät dir ein schneller Blick auf das eingenähte Etikett.

Das Gleiche gilt für glitzrige Verzierungen wie Pailletten: Leider bestehen auch sie aus Plastik und lassen sich nur sehr schwer recyceln. Kunstfellkragen an Mänteln werden ebenso aus Plastikfasern gefertigt.

Plastik in deinem Kleiderschrank kannst du vermeiden, indem du dich für Alternativen aus Naturfasern entscheidest: Wolle, Baumwolle, Hanf, Seide oder Bambus.

MODISCHE FAKTEN

Eine Studie hat gezeigt, dass Kleidungsstücke oft nur 7-mal getragen und dann entsorgt werden!

Jeder Mensch hat durchschnittlich 57 ungetragene Kleidungsstücke im Schrank.

Kunstfasern bestehen nahezu immer aus Plastik.

Kunstfasern sind nicht biologisch abbaubar, was bedeutet, dass sie nie wieder verschwinden.

Nylon ist der mit Abstand beliebteste Stoff der Modeindustrie.

WIESO KLEIDERWASCHEN DIR SCHADET

Mikrofasern sind winzige Plastikfasern, die sich beim Waschen aus deinen Klamotten lösen. Sie machen den größten Anteil des Plastiks in den Ozeanen aus. Stell dir vor, wie all die Flusen in eurem Wäschetrockner bei jedem Trocknungsgang durch den Abfluss in Richtung Meer gespült werden! Igitt! Kläranlagen können diese Fasern nicht ausfiltern, sodass sie tatsächlich direkt im nächsten Fluss oder Gewässer landen. Da die Kunstfasern sich nicht zersetzen, werden sie von Plankton oder winzigen Fischen gefressen. Wenn die dann wiederum von größeren Fischen verspeist werden, wandert das Plastik die Nahrungskette empor und könnte am Ende auf unserem Teller liegen. Pfui Teufel!

DIE GUTEN: NATURFASERN

Jeans aus Baumwolle

Pullover aus Wolle

Hawaii-Hemd aus Viskose

Unterhose aus Bambus

SUPERHELDIN DES ALLTAGS

Name: Linda

Job: Modedesignerin

Superkraft: verwandelt Müll in wunderschöne Klamotten

Taktik gegen Plastik: verwendet Plastik aus dem Meer, um daraus Kleider herzustellen

Top-Tipp: Schau nicht weg!

Das hasst sie: Unternehmen, die sich einen grünen Anstrich geben, um mehr zu verkaufen

Das liebt sie: gemeinsam gegen Plastik zu kämpfen

LINDA

DIE BÖSEN: KUNSTFASERN

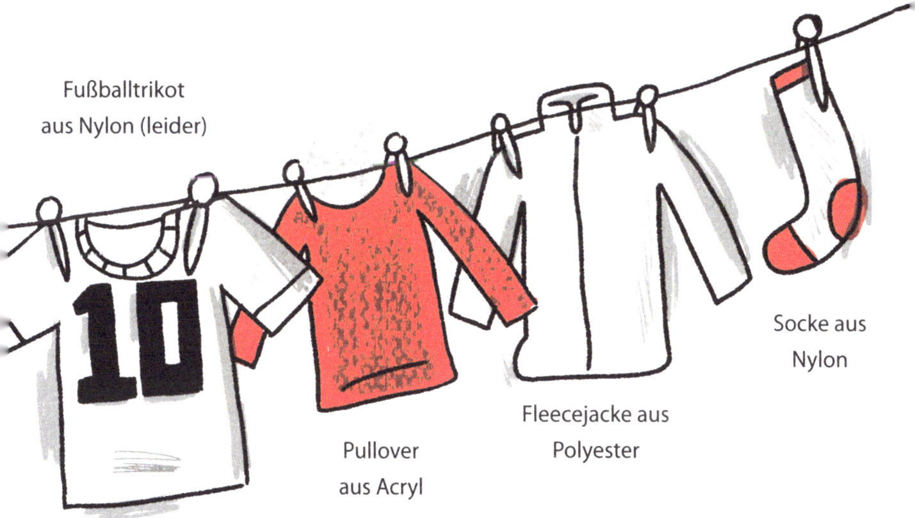

Fußballtrikot aus Nylon (leider)

Socke aus Nylon

Fleecejacke aus Polyester

Pullover aus Acryl

SO BEKÄMPFST DU PLASTIK IN DEINEM KLEIDERSCHRANK

Das Geheimnis für den Kampf gegen Plastik in deinem Kleiderschrank lautet: Wähl deine Klamotten sorgfältig aus und sorg dafür, dass sie dir lange erhalten bleiben, indem du sie möglichst lange liebst, bevor du neue kaufst. Und hier noch ein paar weitere Ideen …

1. Lern Nähen! Wenn du Löcher flickst, verschleißen deine Kleider weniger schnell, sodass du sie wieder und wieder und wieder tragen kannst.

> **DEINE 2-MINUTEN-MISSION: Lern, wie du die Löcher in deinen alten Kleidern flicken kannst.**
> **10 PUNKTE**

2. Wasch deine Kleidungsstücke aus Nylon, Polyester oder anderen Kunstfasern seltener. So gerät auch weniger Plastik ins Meer.

> **DEINE 2-MINUTEN-MISSION: Sortier deine Klamotten vor dem Waschen und trenne solche aus Kunstfasern von denen aus Naturfasern. Die aus Kunstfasern wäschst du dann weniger häufig.**
> **10 PUNKTE**

3. Wasch deine Kleider aus Kunstfasern in einem speziellen Beutel oder zusammen mit einem Ball, der Mikrofasern auffängt, ehe sie in die Kanalisation gelangen können.

DEINE 2-MINUTEN-MISSION: Fang Mikrofasern in der Waschmaschine mit einem speziellen Waschbeutel oder einem Ball auf. Wirf die Flusen dann in den Mülleimer.
10 PUNKTE

4. Gib deine alten Klamotten an Freunde oder Verwandte weiter oder bring sie zur Kleiderspende oder in einen Secondhandladen. Wirf sie bloß nicht einfach weg!

DEINE 2-MINUTEN-MISSION: Organisier eine Klamotten-Tauschbörse an deiner Schule oder in einem Verein. Nimm die Kleider, die du nicht mehr magst, mit dorthin und tausch sie gegen die ungeliebten Klamotten deiner Freunde.
10 PUNKTE

5. Werde kreativ und versuch es mal mit Upcycling! Pimp deine alten Klamotten mit plastikfreier Farbe, Stoffmalern oder Aufnähern.

DEINE 2-MINUTEN-MISSION: Gestalte dein ganz persönliches #umweltheldin2minuten-Kostüm aus alten Klamotten.
20 PUNKTE

KAMPF DEM PLASTIK BEIM SPORT

Sport ist großartig! Aber Plastik auf dem Spielfeld ist furchtbar! Sobald es regnet, könnte jeglicher Müll, der nach einem Spiel übrig geblieben ist, in die Kanalisation gespült werden und so im Meer landen. Höchste Zeit, dass ein Umweltheld das Problem anpackt.

PLASTIKFREIE SPIELE

Sportlerlegenden brauchen Flüssigkeit und Stärkung. Und damit meine ich dich! Du brauchst Wasser und Snacks im Training und bei Wettkämpfen, ganz egal, ob du Feldhockey spielst, Leichtathletik machst, Rad fährst, schwimmst oder mit Freunden im Park kickst. Aber denk daran, deine Verpflegung plastikfrei zu halten!

SCHRECK AN DER STRECKE: Beim jährlichen Marathon in London werden ungefähr 750.000 Einwegplastikflaschen verbraucht.

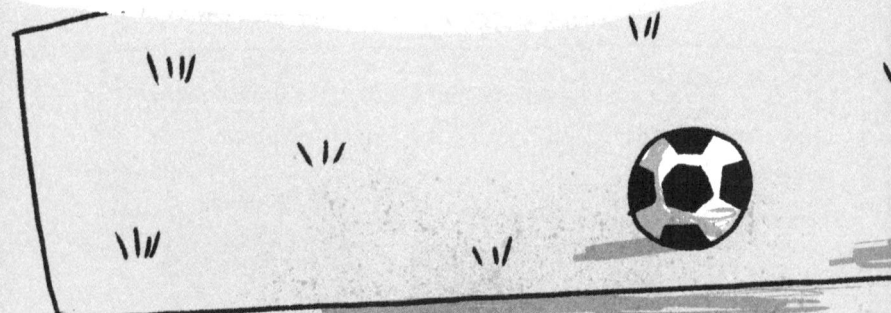

DEINE 2-MINUTEN-MISSION:
Erklär deine Sportveranstaltung zur plastikfreien Zone. Wenn du Snacks mitnimmst, entscheide dich für selbst gebackene Müsliriegel oder Muffins, und denk IMMER an deine wieder-verwendbare Wasserflasche!
20 PUNKTE

VOR DEM ANPFIFF UND NACH DEM SCHLUSSPFIFF: AUFRÄUMEN

Ein schneller **#2minutenblitzputz** vor dem Anpfiff sorgt dafür, dass euer Spielfeld sauber und sicher ist. Das Gleiche macht ihr dann noch einmal nach dem Match – und verlasst so alles noch schöner, als ihr es vorgefunden habt. Wenn ihr euch so auch bei Auswärtsturnieren verhaltet, werden eure Gegner SEHR beeindruckt sein. Ihr zeigt ihnen, wie der Hase läuft!

**DEINE 2-MINUTEN-MISSION: Schnapp dir nach jedem Spiel mit deinem Team ein paar Taschen und sammelt allen Abfall ein, den ihr findet. Recycelt so viel wie möglich davon. Das ist ein SIEG auf ganzer Linie, egal, wie das Spiel ausgeht.
30 PUNKTE**

SUPERHELD DES ALLTAGS

Name: Pete

Job: Strandpfleger

Superkraft: gibt niemals auf – auch wenn etwas aussichtslos erscheint

Taktik gegen Plastik: führt ein Team fröhlicher Strand- und Straßenreiniger an

Top-Tipp: Draußen zu sein macht gute Laune! Und ein Spaziergang in sauberer Natur ganz besonders!

Das hasst er: eklige Flüssigkeit aus alten Mülltonnen

Das liebt er: seinen Werkzeuggürtel mit allerlei nützlichen Utensilien

PETE

GEH PLOGGEN

Ploggen stammt aus Skandinavien: Dabei sammeln Jogger beim Laufen Müll ein. Das ist ganz leicht – einfach losrennen, hin und wieder bücken und Abfall aufheben! Ein prima Aufwärmtraining!

DEINE 2-MINUTEN-MISSION:
Schnapp dir in der Mittagspause eine Tasche und dreh
eine Plogging-Runde um
den Spielplatz!
30 PUNKTE

KAMPF DEM PLASTIK UNTERWEGS

Jetzt, da du dich mit dem Umwelthelden-Virus infiziert hast, werden deine Wochenenden und freien Nachmittage, an denen du unterwegs bist, vollkommen anders ablaufen! Du wirst die Welt mit neuen Augen sehen, Müll bemerken, Einwegplastik vermeiden und sicherstellen, dass du jeden Ort sauberer verlässt, als du ihn angetroffen hast. Das ist fantastisch! Du bist ein #umwelthelden-2minuten und verbesserst die Welt, wohin du auch gehst!

PLASTIKFREI UNTERWEGS

Ein Ausflug zum Strand? Juhu! Komm, schließ dich meinem **#2minutebeachclean**-Projekt an. Das geht ganz einfach: Stell eine Stoppuhr, schnapp dir eine Tasche, UND LOS! Wie viel Plastik findest du? Und falls du anschließend Lust auf ein Eis hast: Gönn es dir in der Waffel – für plastikfreien Genuss!

EINE 2-MINUTEN-MISSION: **Mach mit bei #2minutebeachclean und schau, was du alles entdeckst. Such nach Plastiktüten, Flaschen, Flaschendeckeln, Wattestäbchen, Feuchttüchern und zerrissenen Netzen. Solche Dinge finden wir am häufigsten. Vielleicht begegnen dir aber auch Legosteine, Spielzeug-soldaten, Angelleinen oder alte Flipflops.**
10 PUNKTE

KAMPF DEM PLASTIK IM KINO

Ein Kinoabend steht an? Bring einen Papier-
strohhalm und vielleicht sogar einen
eigenen, wiederverwendbaren Becher
mit. Popcorn bekommst du zum Glück
in Pappkartons, das kannst du also be-
denkenlos kaufen. Achtung ist nur bei
den Süßigkeiten in Tüten und beim
Plastikbesteck geboten. Nimm deinen
Müll mit nach Hause, statt ihn im Kino
zu lassen – so kannst du ihn recyceln!

DEINE 2-MINUTEN-MISSION:
Verbring einen plastik-
freien Filmabend!
10 PUNKTE

KAMPF DEM PLASTIK IM FREIZEITPARK

Unterwegs in den Freizeitpark? Das wird eine Herausforderung! Aber
du schaffst es: Pack Sandwiches, deine wiederverwendbare Wasserflasche und selbst gemachte Snacks ein, um einen plastikfreien
Abenteuertag im Park zu erleben. Verzichte auf Plastikstrohhalme
oder bring deinen eigenen aus Papier mit.

SO GEHT PLASTIKFREIES FAST FOOD

Schnelles Essen muss kein Plastikessen sein. Lehne Plastikstrohhalme
und Plastikbesteck ab, wenn du sie angeboten bekommst, verzichte
auf Plastikdeckel für deine Getränke und sag Nein zu diesen schreckli-
chen Soßentütchen und -töpfchen aus Plastik.

DIE ZUKUNFT DES FAST FOOD? Die EU geht rigoros gegen Einwegplastik bei Fast-Food-Ketten vor. Du darfst dich also bald auf ein plastikfreies – und noch glücklicheres – Happy Meal freuen!

TRAUMHAFTE ÜBERNACHTUNGSPARTYS

Wenn du zu Freunden eingeladen bist und nach einer Party dort übernachtest, bedeutet das nicht, dass du dafür deine plastikfreien Vorsätze aufgeben musst. Denk einfach an deine wiederverwendbare Wasserflasche und bring Snacks in plastikfreien Behältern mit. Süße Träume!

SUPERHELD DES ALLTAGS

Name: der Superwal

Job: Buckelwal

Superkraft: singt Lieder, die über Hunderte von Meilen zu hören sind

Taktik gegen Plastik: hat sich zweimal aus einem Fischernetz befreit – mit der Hilfe von Marinetauchern

Top-Tipp: Schwimm niemals in der Nähe von Netzen!

Das hasst er: sich in Netzen zu verfangen

Das liebt er: in sauberen Meeren zu schwimmen

DER SUPERWAL

DEIN TASCHENGELD GEGEN PLASTIK

Als durchschnittlicher Umweltheld bekommst du stattliche 240 € Taschengeld im Jahr – das sind 5 € pro Woche. Immer samstags ein Schein. Und du sparst 70 % davon. Stimmt's?

Das bedeutet, dass du auch ein bisschen davon ausgibst. Und das ist wichtig. Wie du nämlich dein Geld ausgibst, ist im Kampf gegen Plastik von ganz zentraler Bedeutung. Durch clevere Kaufentscheidungen kannst du mit deinem Taschengeld für eine bessere Welt abstimmen.

HELDENHAFTE AUSGABEN

Wenn du deine Karten geschickt ausspielst, kannst du mit deinem Einsatz als Umweltheld eventuell sogar Geld dazuverdienen! Wie? Vielleicht bekommst du Geld dafür, im Haushalt ein paar zusätzliche Aufgaben zu übernehmen – die Küche und das Bad zu putzen, zum Beispiel – und mit dem Einkauf oder sogar bei der Gartenarbeit zu helfen. Als Teil deines Umwelteldentrainings stehen all diese Dinge ja ohnehin auf deinem Programm! Wieso also nicht damit das Taschengeld aufbessern?

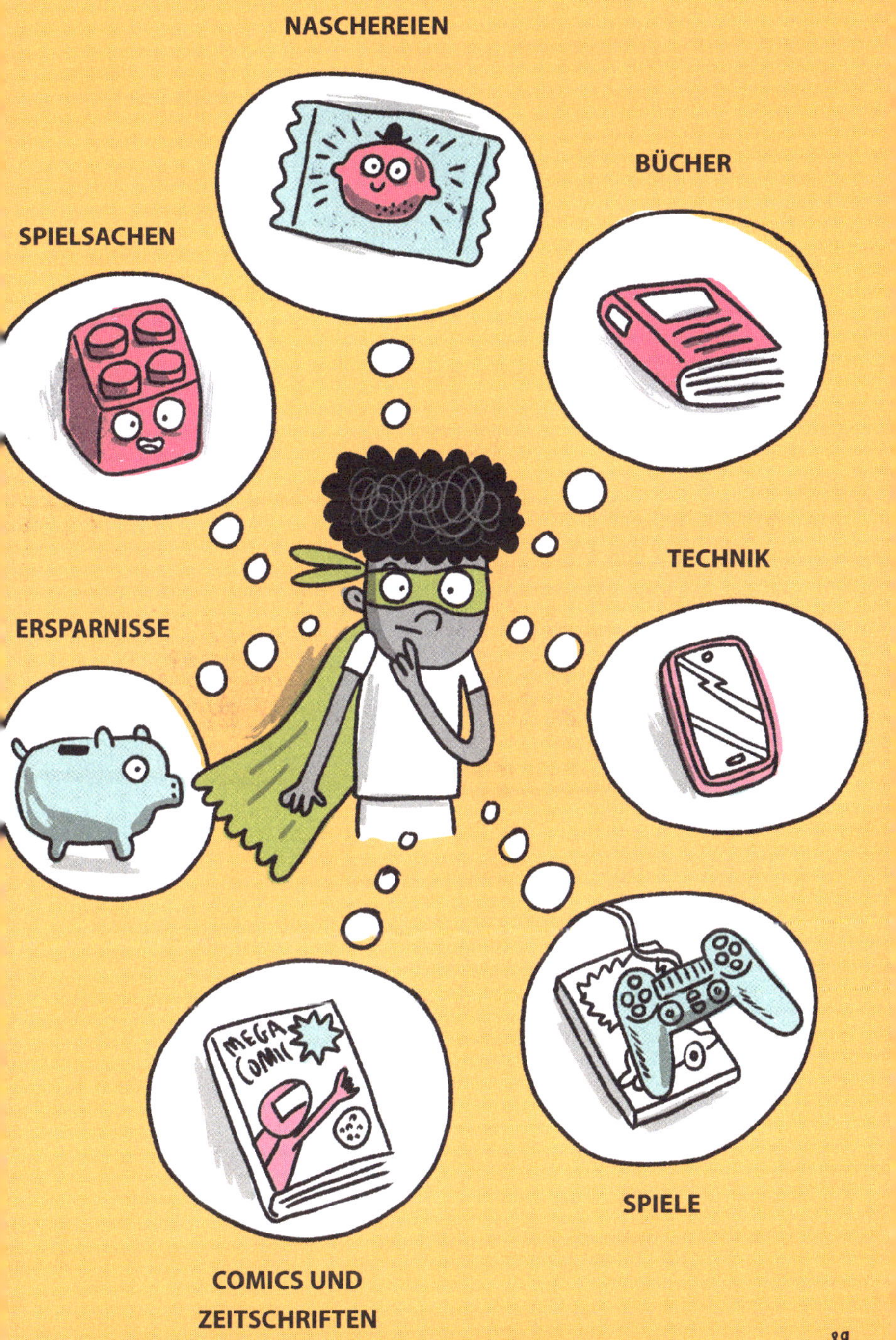
NASCHEREIEN
BÜCHER
SPIELSACHEN
TECHNIK
ERSPARNISSE
MEGA COMIC
SPIELE
COMICS UND
ZEITSCHRIFTEN

MIT GUTEM BEISPIEL VORANGEHEN

Wofür gibst du normalerweise dein Geld aus? Mit deinem Taschengeld – deinem eigenen Geld, über das du frei bestimmst – kannst
du allen zeigen, wie du dir die Welt wünschst. Du kannst eine starke
Botschaft an Unternehmen und Hersteller schicken, indem du dich
entschließt, kein Spielzeug und keine Süßigkeiten aus Plastik oder
in Plastikverpackung zu kaufen. (Süßigkeiten aus Plastik wären auch
sicher nicht lecker.) Kauf außerdem keine Comics und Zeitschriften in
Plastikhüllen oder mit Plastikspielzeug als Beigabe. Solchen Ramsch,
der ohnehin schnell kaputtgeht oder aus der Mode kommt, willst und
brauchst du nicht!

DEINE 2-MINUTEN-MISSION: Such dir eine Sache aus, die du
bisher gern gekauft hast, die aber Plastik enthält – und finde
eine Alternative. Bei Süßigkeiten kannst du dich für eine selbst
gemischte Tüte entscheiden. Bei Spielzeug wählst du am besten
etwas Plastikfreies, an dem du lange Freude haben wirst.
20 PUNKTE

PLASTIKFREIE NASCHEREIEN EINKAUFEN

Du musst keine Süßigkeiten in Plastikverpackung kaufen. Geh mal
in einen traditionellen Süßwarenladen oder ein kleines Geschäft,
das Bonbons und Co. einzeln verkauft. Nimm dich aber auch hier vor
Plastikverpackungen in Acht! Vielleicht kannst du eigene Taschen oder
Behälter mitbringen. Manche Süßigkeiten gibt es auch in hübschen
Dosen.

   Oh, und Finger weg von diesen hohlen Schokoladeneiern mit
Plastikfiguren darin. Du weißt schon, welche ich meine. Die sind
SCHRECKLICH für unseren Planeten.

SPIELZEUG FÜRS LEBEN KAUFEN

Viele Spielsachen bestehen aus Plastik. Das Geheimnis hier:
Kauf Spielzeug, das du lange benutzen wirst – und dann weiter-
verkaufen oder verschenken kannst. Das bedeutet, vor dem Kauf
gründlich nachzudenken, auf teurere Dinge zu sparen, nach robustem
Spielzeug zu suchen und dir zu überlegen, womit du wirklich häufig
spielen wirst.

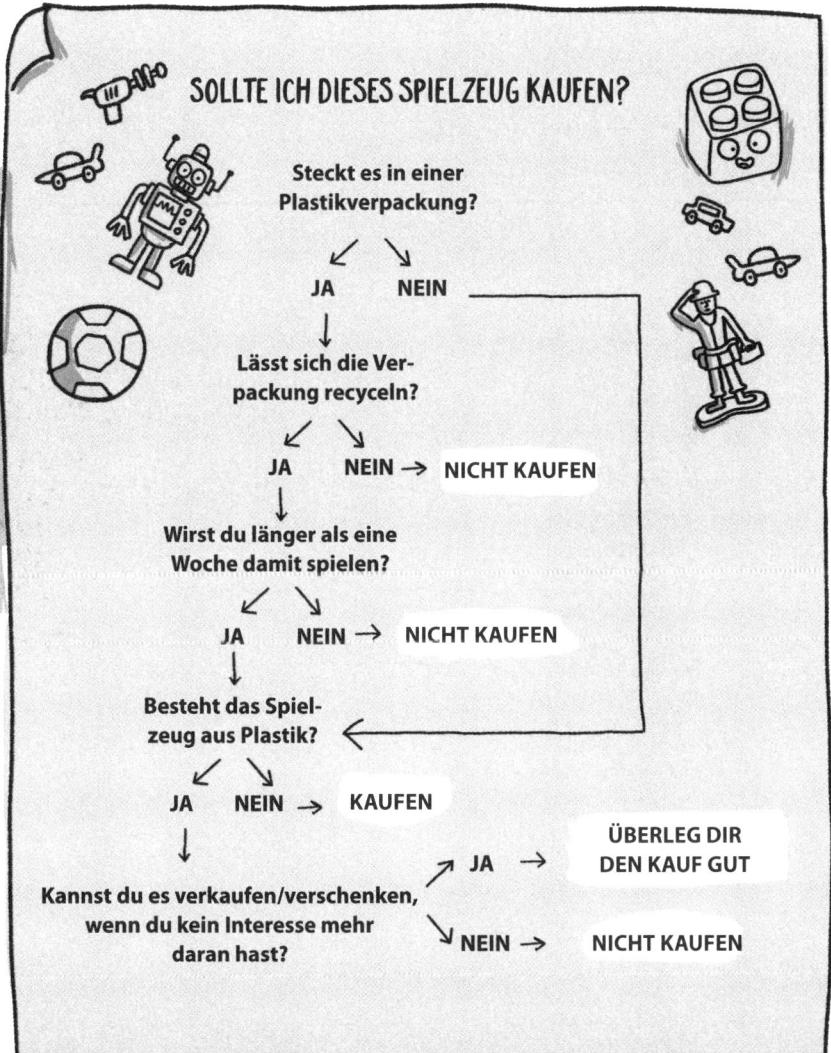

SOLLTE ICH DIESES SPIELZEUG KAUFEN?

Steckt es in einer
Plastikverpackung?

JA · NEIN

Lässt sich die Ver-
packung recyceln?

JA · NEIN → NICHT KAUFEN

Wirst du länger als eine
Woche damit spielen?

JA · NEIN → NICHT KAUFEN

Besteht das Spiel-
zeug aus Plastik?

JA · NEIN → KAUFEN

Kannst du es verkaufen/verschenken,
wenn du kein Interesse mehr
daran hast?

JA → ÜBERLEG DIR DEN KAUF GUT

NEIN → NICHT KAUFEN

MACH DEIN ALTES SPIELZEUG ZU GELD

Du kannst dein Taschengeld aufbessern, indem du Spielsachen, Klamotten, Spiele und Bücher, die du nicht mehr brauchst oder magst, weiterverkaufst. So hast du auch die Möglichkeit, dafür zu sorgen, dass deine Sachen ein gutes neues Zuhause finden und weiterverwendet werden. Etwas wegzuwerfen, bloß weil es dir nicht mehr gefällt, ist doch verrückt – besonders wenn jemand anders vielleicht noch viel Freude daran hat.

Seiten wie eBay, gebraucht.de oder spielzeugverkaufen.de sind großartige Portale, um alte Spielsachen, Bücher und (Computer-)-Spiele anzubieten, und über kleiderkreisel.de oder kleiderkorb.de wirst du mühelos deine alten Klamotten los. Lass dir von deiner Familie helfen und probier es aus.

WOHIN MIT DEM ALTEN ZEUG?

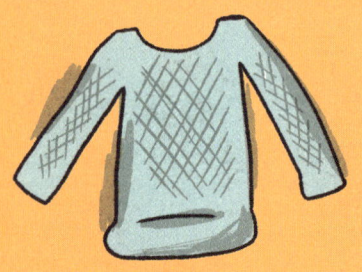

KLEIDER

auf Auktionsseiten verkaufen

in den Secondhandladen bringen

an eine Wohltätigkeitsorganisation spenden

SPIELZEUG

online verkaufen

an Verwandte verschenken

an Wohltätigkeitsorganisationen oder Kinderstiftungen spenden

BÜCHER

online verkaufen

auf einem Schulflohmarkt verkaufen

an eine Wohltätigkeitsorganisation spenden

REPARIEREN GEGEN PLASTIK

Wenn eines deiner Spielzeuge kaputtgeht, reparier es! So einfach ist das. Wirf es nicht gleich weg. Heutzutage gibt es zahlreiche sogenannte Repair Cafés, in denen du Hilfe bei der Reparatur bekommst, deine Sachen wieder in Ordnung bringen und dann weiterbenutzen kannst. Das ist großartig, denn so musst du nichts Neues kaufen und hast noch länger Spaß mit deinem geliebten alten Kram.

KAMPF DEM PLASTIK BEIM FEIERN

Wie oft musst du bis Weihnachten noch schlafen? Oder bis Ostern? Halloween? Ich kann es kaum erwarten! Leider aber sind all diese Feiertage zu einer wahren Plastikschlacht der Verschwendungssucht geworden. Wenn du deinen Kampf gegen Plastik ernst nimmst, wirst du Weihnachten, Halloween und Ostern in Zukunft ein klein wenig anders feiern müssen. Die gute Nachricht dabei? Auf Ostereier brauchst du nicht zu verzichten.

WEIHNACHTEN FÄLLT NICHT AUS

Großartige Neuigkeiten! An Weihnachten dreht sich alles ums Geben und Beisammensein. Irgendwie allerdings haben sich im Laufe der Zeit Kaufrausch und Lametta und Plastikverpackungen immer mehr in den Vordergrund gedrängt. Höchste Zeit, Weihnachten zurückzuerobern!

VERSCHWENDERISCHE FAKTEN: Schätzungsweise 20 bis 30 % mehr Abfall fallen in Deutschland jedes Jahr zur Weihnachtszeit an – in Großbritannien sind es jährlich zur Adventszeit zusätzliche 125.000 Tonnen Plastikmüll.

MIT GESCHENKEN GEGEN PLASTIK

Wenn wir jemanden beschenken, wollen wir ihm damit vor allem auch zeigen, dass er uns viel bedeutet. Deshalb: Bastele Geschenke selbst, statt irgendetwas zu kaufen, das aus Plastik besteht oder in Plastik verpackt ist. Back Kuchen oder Plätzchen. Schenk etwas, das mit Liebe gemacht ist – die Ozeane werden es dir danken!

DEINE 2-MINUTEN-MISSION: Gestalte Geschenke für deine Familie selbst und verpacke sie in Papier: Alte Zeitungen oder selbst gestaltetes Geschenkpapier eignen sich perfekt. Binde sie mit Geschenkkordeln zu. (Klebefilm besteht aus Plastik!)
30 PUNKTE

KEINE PLASTIKVERPACKUNGEN MEHR

Jede Menge glitzernde Geschenkfolie und glänzendes Einwickel-papier besteht aus Plastik. Ganz leicht testen kannst du das, indem du es zusammenknüllst: Wenn es zerknittert bleibt, hast du Papier in der Hand. Entfaltet es sich wieder, ist es Plastik. Entscheide dich für die Papiervariante, die du später recyceln oder wiederverwenden kannst.

UNSCHÖNE BESCHERUNG: Rund 8.000 Tonnen Geschenkpapier – damit könnte man etwa 7.000 Fußballplätze abdecken – landen in Deutschland alljähr-lich zu Weihnachten in der Tonne. Das meiste davon lässt sich nicht recyceln.

EIN WEIHNACHTSBAUM FÜR DIE EWIGKEIT

Jedes Jahr fällen wir Millionen von Bäumen oder kaufen gar falsche aus Plastik! Was für eine Verschwendung! Wenn du unbedingt einen künstlichen Baum haben willst, kauf einen aus zweiter Hand und benutz ihn viele Jahre lang. Wenn möglich, entscheide dich lieber für einen regional angebauten Weihnachtsbaum im Topf, den du jedes Jahr ins Haus holen und schmücken, die restliche Zeit über aber im Garten stehen lassen kannst. Noch besser: Bastele deinen eigenen Weihnachtsbaum aus Ästen und Stöcken oder Treibholz.

BAUMDEKORATION

Noch mehr gute Nachrichten! Es gibt tolle plastikfreie Alternativen zu Lametta, Plastikkugeln und Glitzerschmuck. Du kannst euren Baum ganz wunderbar mit Plätzchen, getrockneten Zitronen- oder Orangenscheiben und Papierketten schmücken. Baumschmuck selbst zu basteln ist kinderleicht und macht außerdem richtig Spaß!

DEINE 2-MINUTEN-MISSION: Bastele eine Papierkette als weihnachtlichen Hausschmuck. Welche Länge schaffst du? **10 PUNKTE**

DAS ANTI-PLASTIK-WEIHNACHTSFEST

Sag Nein zu:

- 🎄 Lametta
- 🎄 Plastikkugeln
- 🎄 Glitzerschmuck
- 🎄 Geschenkfolie und Papier mit Folienbeschichtung
- 🎄 Klebefilm
- 🎄 Geschenktüten
- 🎄 gekauften Weihnachtskarten (vor allem solchen mit Glitzer)
- 🎄 gekauften Knallbonbons
- 🎄 Plastikverpackungen
- 🎄 Plastikstrohhalmen
- 🎄 Einwegbechern, -tellern und -besteck

FROHE PLASTIKFREIE WEIHNACHTEN

Genieß das Fest mit:

- 🎄 einem echten Baum samt Wurzeln
- 🎄 Papierketten aus alten Zeitschriften und Zeitungen
- 🎄 selbst gebasteltem Weihnachtsschmuck
- 🎄 selbst gebastelten Knallbonbons (mit schlechten Witzen drin)
- 🎄 selbst gebastelten Karten
- 🎄 plastikfreiem Klebeband (Washi-Tape) und Kordel
- 🎄 Geschenkpapier aus Zeitungen oder Altpapier
- 🎄 selbst gebackenen Leckereien zum Verschenken

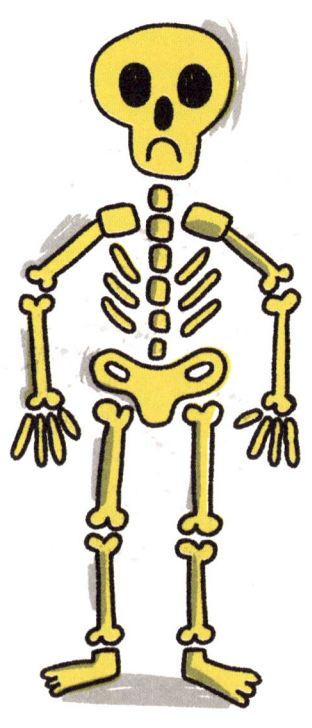

HALLOWEENGRUSEL

Das Gruseligste an Halloween sind nicht die Geister und Zombies. Am schauerlichsten ist das ganze Plastik! Abfallentsorgungsunternehmen hassen Halloween. Es fällt einfach so viel Müll an: entsorgte Kostüme, Plastikschädel und schauderhafter Dekokrempel. Was hältst du davon, dieses Jahr ein Kostüm aus alten Klamotten zu schneidern? Ich wette, im Kleiderschrank deiner Mutter verstecken sich ein paar echte Horrorfetzen, die du verwenden darfst! Und für die Kinder, die bei euch klingeln und Süßigkeiten wollen, füllst du eine Schüssel mit Schokolade und Naschereien in Papier statt Plastik. EIN KLACKS!

DIE FURCHTERREGENDE WAHRHEIT: Allein in Großbritannien landen jedes Jahr nach Halloween 12.500 Tonnen Kostüme im Müll.

DEINE 2-MINUTEN-MISSION: Gestalte ein Halloweenkostüm aus Kleidungsstücken, die du jeden Tag trägst. Oder leih dir etwas Albernes. Eine gruselige Frisur oder Gesichtsbemalung verpasst jedem Outfit im Nu eine schaurige Note. Deine Mission in diesem Jahr: ein plastikfreies Halloween.
20 PUNKTE

OSTERN OHNE PLASTIK

Ostern verwirrt mich bis heute:
Woher kommt der Osterhase?
Und wieso verschenken wir Eier?
Ach ja! Um den Frühling und das
neu erwachende Leben zu feiern.
In Anbetracht der Tatsache, dass
Plastik Tieren und Pflanzen schadet,
sollten wir uns an Ostern besonders
davon fernhalten.

RAUS MIT DEM PLASTIK!

Ostereier sind oft wirklich absurd
verpackt: in einer Plastikschale, in der
einzelne Trennelemente aus Plastik nochmals die einzelnen Eier
schützen. Doch es geht auch anders! Du kannst nach wie vor Eier
im Karton kaufen. Und der lässt sich zu 100 % recyceln.

EI, EI, EI: In unserem Nachbarland Österreich werden zu Ostern etwa 70 Millionen
Eier verkauft, 50 Millionen davon vorgefärbt – und meist in Plastikverpackung.
Doppelt schlimm: Fast 14 Millionen Ostereier landen zusammen mit dem
Plastik ungegessen im Müll.

**DEINE 2-MINUTEN-MISSION: Iss dieses Jahr an Ostern
nur Schokolade, die ohne Plastikverpackung auskommt.
Und wähle deine Eier mit Bedacht!
10 PUNKTE**

DIE ANTI-PLASTIK-PARTY

Zeit zum Feiern! Du bist beinahe am Ende deines Feldzugs gegen Plastik angelangt und stehst somit kurz vor deiner Ernennung zum Umwelthelden. Das schreit nach einer PARTY! Ich mag plastikfreie Partys, bei denen keinerlei Müll anfällt. Abgesehen von Dingen, die sich recyceln lassen, bleibt nichts zurück außer großartigen Erinnerungen, schläfrigen Augen und müde getanzten Füßen. Bist du bereit? Los geht die Anti-Plastik-Party für dich und all die anderen frischgebackenen Superhelden!

DEINE 2-MINUTEN-MISSION: Mach deine nächste Geburtstagsfeier oder jede andere Fete zur ANTI-PLASTIK-PARTY! Plane sorgfältig. Bastele deine Deko selbst und tisch ein wahres Schlemmerbüfett auf! An den Listen in dieser Mission kannst du dich orientieren.
150 PUNKTE

DIE BÖSEN PARTYSCHURKEN

- **Partyknaller:** Tut mir leid, du Held, aber Partyknaller sind alles andere als der Knaller. Nämlich schlicht Plastikmüll! Pfui.

- **Luftballons:** Leider wirst du die Luft aus deinen Luftballongewohnheiten lassen müssen. Luftballons – sogar die, die behaupten, biologisch abbaubar zu sein – sind eine Gefahr für Wildtiere.

- **Glitzer:** Glitzer macht Spaß … aber sobald er in die Kanalisation gelangt, wird er zum gefährlichen Mikroplastik, das geradewegs ins Meer rauscht.

- **Partytüten:** Widersteh der Partytüte aus Plastik. Meide außerdem Plastikspielzeug, Frischhaltefolie über dem Kuchen und einzeln verpackte Naschereien und Snacks wie zum Beispiel Lutscher.

- **Partysnacks:** Zu oft kommt Essen für Partys in Plastikverpackung daher. Von den Würstchen im Blätterteig bis zum gekauften Blechkuchen bekommst du im Supermarkt quasi mehr Plastik als Party. Wehr dich!

- **Plastikteller und -besteck:** Nein, nein, nein, nein, nein! Mag sein, dass Teller, Messer, Gabeln und Löffel aus Plastik sogar recycelbar sind – aber viel besser ist es, du verzichtest darauf!

- **Strohhalme:** Echte Partylöwen sagen Nein zu Plastikstrohhalmen.

TÖDLICHE TATSACHE: Für Meeresschildkröten sehen Luftballons und Plastiktüten genau wie Quallen aus – ihre Leibspeise.

SUPERHELD DES ALLTAGS

Name: Bob

Job: Grüne Meeresschildkröte

Superkraft: schwimmt zur Eiablage mehr als 2.000 Kilometer zurück an den eigenen Geburtsstrand

Taktik gegen Plastik: wurde gerettet und konnte erfolgreich all die gefressenen Tüten und Ballons auskacken

Top-Tipp: Lass keine Luftballons steigen! Selbst die biologisch abbaubaren können großen Schaden anrichten.

Das hasst er: dass Luftballons wie Nahrung aussehen

Das liebt er: köstliches Seegras

BOB

DIE GUTEN

- **Selbst gebastelte Partydeko:**
  Papierketten und Lampions zu basteln
  ist kinderleicht und macht richtig Spaß. Das Beste?
  Du kannst sie komplett recyceln!

- **Wimpelketten:** Fähnchen und Wimpel aus Kordel und buntem
  Papier oder Zeitschriftenblättern sind cool. Du kannst auch
  welche aus altem Stoff und Bändern nähen!

- **Tischdeko aus Papier:** Einschlagpapier – das du auf der Rolle
  auch in Bastelläden bekommst – eignet sich prima als Tischdecke
  und zum Verpacken von Geschenken. Stell ein paar Wachsmal-
  stifte auf den Tisch und lad deine Freunde ein, sich kreativ darauf
  auszutoben!

- **Partytüten aus Papier:** Das Tütenproblem ist schnell gelöst:
  Benutz braune Papiertüten, Küchenrolle zum Einwickeln von
  Kuchen, und bestück die Tüten mit plastikfreiem Spielzeug –
  zum Beispiel Notizbüchern, Masken und Buntstiften.

- **echte Partysnacks:** Auch Knabbereien mit Plastikverpackung lassen sich vermeiden – allerdings musst du dafür eventuell ein wenig Aufwand betreiben. Beleg deine eigenen Sandwiches, back Muffins, Kuchen und Pfannkuchen!

- **Teller und Besteck:** Wieso Plastikteller benutzen, wenn du doch richtige Teller nehmen und sie anschließend spülen kannst? So einfach! Falls ihr zu wenige Teller im Haus habt, leih dir welche von Freunden.

- **Strohhalme:** Keine Party ohne Trinkhalme! Und du sollst und musst auch gar nicht darauf verzichten: Im Supermarkt kannst du welche aus Papier kaufen, und die sind super!

⭐ SUPERHELDIN DES ALLTAGS ⭐

Name: Dolly

Job: Onlineaktivistin

Superkraft: Technik-Genie

Taktik gegen Plastik: führt Online-kampagnen, um Leute wach zu rütteln, damit sie nicht länger Luftballons fliegen lassen und Plastik kaufen

Top-Tipp: Kauf weniger, verbrauch weniger und verwende mehr Dinge wieder!

Das hasst sie: Luftballons und Sport-verschlüsse für Trinkflaschen

Das liebt sie: Picknicks am Strand

DOLLY

DEINE STIMME GEGEN PLASTIK

Gut gemacht: Du hast deine Ausbildung abgeschlossen und bist beinahe ein #umwelteldin2minuten! Eine letzte Mission fehlt allerdings noch, ehe du dich so nennen darfst. Die Aufgabe ist ganz einfach, kann aber einen riesengroßen Unterschied machen, weil du damit den Leuten an der Macht mitteilst, was du von Plastik hältst.

DEINE 2-MINUTEN-MISSION: Schreib einen Brief oder eine Mail an jemanden, der in einer Position ist, Entscheidungen zu treffen, die deinen Kampf gegen Plastik berühren. Das kann ein Bundestagsabgeordneter sein, ein Landrat, ein Lehrer oder dein Schulleiter. Erzähl ihm, weshalb Plastik dir solche Sorgen bereitet, was du dir von ihm wünschst und warum. Orientier dich dabei an der Vorlage auf der nächsten Seite.
Leg los! Deine Stimme zählt!
100 PUNKTE

Den Bundestagsabgeordneten für deinen Wahlkreis findest du hier:
www.bundestag.de/abgeordnete/wahlkreise/

Die Landtagsabgeordneten deines Bundeslands lassen sich online auch ganz leicht ermitteln – gib einfach dein Bundesland und das Stichwort »Landtagsabgeordnete« in eine Suchmaschine ein.

Sehr geehrte/r Herr/Frau [Name],

ich heiße [dein Name] und bin [dein Alter] Jahre alt.
Zurzeit besuche ich die [Name deiner Schule], und das Thema,
zu dem ich Ihnen schreibe, ist Plastik.

Ich sorge mich sehr um die Gesundheit unserer Meere und auch
um meine eigene Zukunft, weil wir alle viel zu viel Plastik verwenden, produzieren und nicht richtig entsorgen. Ich glaube, wir
müssen alles in unserer Kraft Stehende tun, um zu verhindern,
dass noch mehr Plastik in die Ozeane gelangt: indem wir mehr
davon recyceln, im Alltag weniger benutzen und vor allem auch
weniger neues Plastik herstellen.

Ich habe einen Schwur geleistet, Plastik zu bekämpfen,
und nun wünsche ich mir von Ihnen, dass Sie ebenfalls helfen.
Bitte bestrafen Sie Unternehmen, die die Meere verschmutzen.
Ich bitte Sie, Gesetze zu verabschieden, die Firmen davon ab-
halten, unnötige Plastikartikel auf den Markt zu bringen - und
bitte ermutigen Sie diese Firmen zugleich, für all ihre Produkte
Recycling-Plastik zu nutzen.

Außerdem brauchen wir ein sofortiges Verbot ALLER Einweg-
plastikartikel, ebenso wie ein einfaches und einheitliches
Recycling-System, das überall gleich funktioniert. Und zwar
ebenfalls JETZT.

Können Sie das für mich und meine Zukunft tun?
Ich hoffe es sehr. Bitte schicken Sie mir mit Ihrer Antwort
Ihren eigenen Schwur gegen Plastik.

Mit freundlichen Grüßen
[Hier unterschreibst du mit deinem Namen.]

MISSION ERFÜLLT

Schließ die Augen …

Stell dir vor, du stehst an einem blitzsauberen Strand, lässt den Blick über das weite Meer schweifen: plastikfrei und voller Leben, Wellen und Wunder. Du siehst Wale, die ihre Wasserfontänen in die Luft blasen, und springende Delfine. Fliegende Fische sausen über die in der Sonne glitzernde Oberfläche dahin, und unter den Wellen tanzen andere Fische und Seehunde. Über dir am Himmel krächzen und zetern Möwen und Seevögel. Papageitaucher machen erste Flugversuche und flattern dabei wie verrückt in der Brise.

Du riechst die frische Luft und die Algen, spürst den warmen Wind auf der Haut, schmeckst Salz auf deinen Lippen und hörst das Rauschen der Brandung.

Das Meer ist wunderschön, und du bist ein Teil davon, wo auch immer du lebst. Eine Meeresschildkröte lugt aus dem Wasser, direkt vor dir, und überrascht dich ein bisschen. Sie lächelt und sagt: »Danke!«

Das hast du geschafft.
Wie fühlt es sich an?
DU BIST EIN #UMWELTHELDIN2MINUTEN.
MISSION ERFÜLLT.

DEIN UMWELT-HELDENSTATUS ...

UMWELTHELDEN-PUNKTE

Jetzt, da du deine Ausbildung abgeschlossen hast, ist es an der Zeit, herauszufinden, welche Art von Umweltheld du bist. Zähl die Punkte zusammen, die du dir bei deinen Missionen verdient hast.

MISSION 1: LERN DEINEN GEGNER KENNEN

Finde fünf Gegenstände aus gutem Plastik, die du täglich benutzt.
10 PUNKTE

Finde fünf Gegenstände aus schlechtem Plastik, die nur einmal benutzt und dann weggeworfen werden.
20 PUNKTE

GESAMTPUNKTZAHL DER MISSION: 30

MISSION 2: KAMPF DEM PLASTIK IN DEINEM MÜLLEIMER

Besorgt euch einen Küchenkomposter oder legt im Garten einen Komposthaufen an! Mission 8 dreht sich darum, herauszufinden, wie Kompost entsteht.
30 PUNKTE

Erstell eine Mülltabelle und mach jedes Mal, wenn bei euch zu Hause jemand den Müll nach draußen bringt, einen Strich. Überprüfe, wie viele Müllbeutel deine Familie pro Woche füllt, und versuch, die Anzahl zu halbieren.
50 PUNKTE

Besuch eine Müllsortieranlage in deiner Nähe.
50 PUNKTE

Such dir drei Strohhalme – einen aus Plastik, einen biologisch abbaubaren und einen aus Papier. Füll einen Blumentopf mit Erde. Steck alle drei Strohhalme bis zur Hälfte hinein und warte ein paar Wochen ab, was passiert!

20 PUNKTE

GESAMTPUNKTZAHL DER MISSION: 150

MISSION 3: KAMPF DEM PLASTIK IM PARK

Veranstalte einen #2minutenblitzputz. Nimm dir auf deinem Heimweg von der Schule oder im Park 2 Minuten Zeit, um einen alten Einkaufsbeutel mit Müll zu füllen. Entsorge alles, was sich recyceln lässt, in der Gelben Tonne, und wirf den Rest in den Hausmüll. Wie viel hast du in 2 Minuten gefunden?

20 PUNKTE

GESAMTPUNKTZAHL DER MISSION: 20

MISSION 4: KAMPF DEM PLASTIK IN DEINER SCHULTASCHE

Gründe ein Stifte-Asyl! Bitte all deine Freunde, ihre Schultaschen zu leeren und alte Stifte zu sammeln. Schick sie dann mithilfe eines Lehrers über www.terracycle.com/de-DE an BIC, sodass sie recycelt werden können. UND verdien dir damit Punkte (und Geld) für deine Schule.

80 PUNKTE

Gibt es in deiner Schule einen Trinkbrunnen oder eine Auffüllstation für Wasserflaschen? Dann bedien dich! Falls nicht: Wie wäre es mit einer Petition? Frag auch deine Eltern und die deiner Freunde, ob sie dafür unterschreiben wollen!

30 PUNKTE

Falls deine Lieblingsnaschereien in Plastik verpackt sind, ist es nun leider vielleicht an der Zeit, darauf zu verzichten. Dafür kannst du nun ganz neue Köstlichkeiten entdecken! Schnapp dir eine Dose voller Süßigkeiten oder stell dir selbst eine Mischung in der Papiertüte zusammen!

10 PUNKTE

Heb all deine Chipstüten auf – und lass dir auch die leeren Tüten deiner Freunde geben. Richte mithilfe eines Lehrers eine Sammel-stelle für Chipstüten ein. Schreibt alle zusammen an Lay's oder einen anderen großen Chipshersteller, erzählt von dem britischen Pro-gramm und wünscht euch etwas Ähnliches auch für Deutschland. Wenn viele von euch mitmachen, bewegt sich vielleicht etwas!

80 PUNKTE

GESAMTPUNKTZAHL DER MISSION: 200

MISSION 5: KAMPF DEM PLASTIK IN DER SCHULPAUSE

Bitte in der nächsten Pause drei deiner Freunde, dir ihre Brotboxen zu zeigen. Zeig ihnen deine. Findet sich in ihren Boxen Plastik? Schwört euch gegenseitig, in Zukunft auf MINDESTENS einen Plastikartikel zu verzichten.

10 PUNKTE

Mach andere aufmerksam! Frag einen Lehrer, ob du vor deinen Schulkameraden von deinem Einsatz als #umwelttheldin2minuten erzählen darfst. Erklär, weshalb du versuchst, deinen Plastikver-brauch zu verringern, und wie du dabei vorgehst. Bitte deine Mit-schüler, ein Versprechen zu unterschreiben, dass sie dir in Zukunft helfen.

50 PUNKTE

Gibt es in deiner Schule eine Recycling-Station für Einmalplastik wie Joghurtbecher, Strohhalme oder Einwegflaschen? Falls nicht, richte

eine ein! Hol dir die Erlaubnis eines Lehrers und deines Schulleiters. Bastele Hinweisschilder, damit jeder weiß, was in welchen Sammelbehälter gehört.

40 PUNKTE

GESAMTPUNKTZAHL DER MISSION: 100

MISSION 6: KAMPF DEM PLASTIK IM SUPERMARKT

Biete an, beim Lebensmitteleinkauf zu helfen – dann kannst du mitbestimmen, was bei euch im Einkaufswagen und im Kühlschrank landet.

20 PUNKTE

Mach einen plastikfreien Einkaufsbummel und komm mit NULL Verpackungsmüll zurück!

40 PUNKTE

GESAMTPUNKTZAHL DER MISSION: 60

MISSION 7: KAMPF DEM PLASTIK IN DER KÜCHE

Hiermit hast du einen neuen Job: Du bist jetzt Tütenpolizist! Verkünde ein ausnahmsloses Verbot von Plastiktüten bei euch zu Hause. Sorg dafür, dass deine Familienmitglieder KEINE AUSREDE finden, um Plastiktüten zu verwenden. Leg Stoffbeutel ins Auto und unter die Spüle und drück jedem einen in die Hand. Falls doch jemand von euch Plastiktüten benutzt, ist eine Strafe von 10 Cent fällig.

20 PUNKTE

Tausch Topfreiniger aus Plastik gegen solche aus Kokosfasern, Sisal oder Metall und verwende Baumwolllappen zum Spülen. Füll eure Spülmittelflasche in einem Unverpackt-Laden immer wieder auf.

30 PUNKTE

Welches Müsli isst du am liebsten? Such die größte und die kleinste Schachtel davon, die du finden kannst. Rechne aus, wie viele

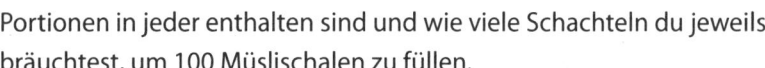

Portionen in jeder enthalten sind und wie viele Schachteln du jeweils bräuchtest, um 100 Müslischalen zu füllen.

10 PUNKTE

Stell zusammen mit einem Erwachsenen Bienenwachstücher her. Besorg dir bunten Stoff und bestreich ihn mit Bienenwachs. Veganer können Wachs auf Pflanzenbasis nehmen. Damit die Tücher besser haften, gib zusätzlich Kiefernharz darauf.

40 PUNKTE

GESAMTPUNKTZAHL DER MISSION: 100

MISSION 8: KAMPF DEM PLASTIK IM GARTEN

Nutz den Kompost, den du in Mission 2 selbst angesetzt hast. Gib ein wenig davon in einen Blumentopf und pflanz Sonnenblumenkerne ein. Dann sieh ihnen beim Wachsen zu!

20 PUNKTE

Schneide eine durchsichtige Plastikflasche in der Mitte durch und füll den Flaschenboden mit Kompost. Drück am Rand drei Erbsensamen hinein. Gieß sie und stell sie auf die Fensterbank. Bald kannst du den Samen unter der Erde beim Keimen zusehen. Wenn sie groß genug sind, pflanz sie im Freien in einen geräumigeren Topf um. Jetzt kannst du entweder Erbsensprossen für deinen Salat abschneiden – oder etwas später Erbsen ernten.

20 PUNKTE

Erzähl einem Lehrer von deiner Idee mit dem Gärtnerclub oder schlag vor, im Klassenzimmer Salat oder Gemüse anzubauen. Bring übrig gebliebene Plastikschalen, Schüsseln oder Behälter mit in die Schule und nimm später das selbst gezogene Gemüse mit nach Hause.

20 PUNKTE

GESAMTPUNKTZAHL DER MISSION: 60

MISSION 9: KAMPF DEM PLASTIK IM BADEZIMMER

Versuch es mal mit einer Zahnbürste aus Bambus, einem der am schnellsten nachwachsenden und nachhaltigsten Rohstoffe der Welt. Wenn du sie irgendwann entsorgen willst, kannst du sie einfach auf den Kompost werfen.

20 PUNKTE

Probier Zahnpasta aus dem Glas oder in Tablettenform aus. Das mag anfangs ungewohnt sein, aber es wird funktionieren und ist eine fantastische Methode, um zweimal täglich Plastik zu bekämpfen.

20 PUNKTE

Tausch eure Seife aus! Verabschiede dich von dem Flüssigzeug und nimm stattdessen Seife am Stück, die in Papier verpackt ist.

10 PUNKTE

Versuch es mal mit festem Shampoo und einem Stück Körperseife statt Duschgel.

10 PUNKTE

Halte im örtlichen Supermarkt nach Toilettenpapier Ausschau, das in Papierverpackung angeboten wird.

10 PUNKTE

Such nach Wattestäbchen mit Papierschaft – und kauf stattdessen die.

10 PUNKTE

GESAMTPUNKTZAHL DER MISSION: 80

MISSION 10: KAMPF DEM PLASTIK IM KLO

Bitte einen Lehrer, einen Ausflug zu eurem örtlichen Klärwerk zu organisieren. Das klingt vielleicht nicht besonders spaßig, ist aber garantiert SEHR interessant.

100 PUNKTE

Zähl nach, wie viele Toiletten du regelmäßig benutzt. Gestalte für jede davon ein Schild, auf dem steht: ABGESPÜLT WERDEN HIER: NUR PIPI UND KACKE, KOTZE UND PAPIER! DANKE DIR!

20 PUNKTE

Falls jemand in deiner Familie etwas anderes als die »KLO«-REICHEN VIER abspült, frag, ob du einen Eimer – mit Deckel – neben der Toilette aufstellen darfst, in dem solche Dinge entsorgt werden können.
So landen sie auf der Müllkippe oder werden recycelt.

20 PUNKTE

Falls deine Familie Feuchttücher verwendet, kleb einen Zettel ans Klo, der alle daran erinnert, sie niemals hinunterzuspülen.

10 PUNKTE

GESAMTPUNKTZAHL DER MISSION: 150

MISSION II: KAMPF DEM PLASTIK IN DEINEM KLEIDERSCHRANK

Lern, wie du die Löcher in deinen alten Kleidern flicken kannst.

10 PUNKTE

Sortier deine Klamotten vor dem Waschen und trenne solche aus Kunstfasern von denen aus Naturfasern. Die aus Kunstfasern wäschst du dann weniger häufig.

10 PUNKTE

Fang Mikrofasern in der Waschmaschine mit einem speziellen Waschbeutel oder einem Ball auf. Wirf die Flusen dann in den Mülleimer.

10 PUNKTE

Organisier eine Klamotten-Tauschbörse an deiner Schule oder in einem Verein. Nimm die Kleider, die du nicht mehr magst, mit dorthin und tausch sie gegen die ungeliebten Klamotten deiner Freunde.

10 PUNKTE

Gestalte dein ganz persönliches #umweltheldin2minuten-Kostüm aus alten Klamotten.

20 PUNKTE

GESAMTPUNKTZAHL DER MISSION: 60

MISSION 12: KAMPF DEM PLASTIK BEIM SPORT

Erklär deine Sportveranstaltung zur plastikfreien Zone. Wenn du Snacks mitnimmst, entscheide dich für selbst gebackene Müsliriegel oder Muffins, und denk IMMER an deine wiederverwendbare Wasserflasche!

20 PUNKTE

Schnapp dir nach jedem Spiel mit deinem Team ein paar Taschen und sammelt allen Abfall ein, den ihr findet. Recycelt so viel wie möglich davon. Das ist ein SIEG auf ganzer Linie, egal, wie das Spiel ausgeht.

30 PUNKTE

Schnapp dir in der Mittagspause eine Tüte und dreh eine Plogging-Runde um den Spielplatz!

30 PUNKTE

GESAMTPUNKTZAHL DER MISSION: 80

MISSION 13: KAMPF DEM PLASTIK UNTERWEGS

Mach mit bei #2minutebeachclean und schau, was du alles entdeckst. Such nach Plastiktüten, Flaschen, Flaschendeckeln, Wattestäbchen, Feuchttüchern und zerrissenen Netzen. Solche Dinge finden wir am häufigsten. Vielleicht begegnen dir aber auch Legosteine, Spielzeugsoldaten, Angelleinen oder alte Flipflops.

10 PUNKTE

Verbring einen plastikfreien Filmabend!

10 PUNKTE

Besuch dein Lieblings-Fast-Food-Restaurant und teste, ob du dort plastikfrei speisen kannst. Ich wette, es klappt!

10 PUNKTE

GESAMTPUNKTZAHL DER MISSION: 30

MISSION 14: DEIN TASCHENGELD GEGEN PLASTIK

Such dir eine Sache aus, die du bisher gern gekauft hast, die aber Plastik enthält – und finde eine Alternative. Bei Süßigkeiten kannst du dich für eine selbst gemischte Tüte entscheiden. Bei Spielzeug wählst du am besten etwas Plastikfreies, an dem du lange Freude haben wirst.

20 PUNKTE

Rege in deiner Schule an, einen Flohmarkt zu veranstalten, auf dem du und deine Freunde ungeliebte Bücher, Spielsachen oder Klamotten verkaufen könnt – und so ein wenig Geld verdient!

40 PUNKTE

GESAMTPUNKTZAHL DER MISSION: 60

MISSION 15: KAMPF DEM PLASTIK BEIM FEIERN

Gestalte Geschenke für deine Familie selbst und verpacke sie in Papier: Alte Zeitungen oder selbst gebasteltes Geschenkpapier eignen sich perfekt. Binde sie mit Geschenkkordeln zu. (Klebefilm besteht aus Plastik.)

30 PUNKTE

Bastele eine Papierkette als weihnachtlichen Hausschmuck. Welche Länge schaffst du?

10 PUNKTE

Gestalte ein Halloweenkostüm aus Kleidungsstücken, die du jeden Tag trägst. Oder leih dir etwas Albernes. Eine gruselige Frisur oder

Gesichtsbemalung verpasst jedem Outfit im Nu eine schaurige Note. Deine Mission in diesem Jahr: ein plastikfreies Halloween.

20 PUNKTE

Iss dieses Jahr an Ostern nur Schokolade, die ohne Plastikverpackung auskommt. Und wähl deine Eier mit Bedacht.

10 PUNKTE

GESAMTPUNKTZAHL DER MISSION: 70

MISSION 16: DIE ANTI-PLASTIK-PARTY

Erklär deine nächste Geburtstagsfeier oder jede andere Fete zur ANTI-PLASTIK-PARTY! Plane sorgfältig. Bastele deine Deko selbst und tisch ein wahres Schlemmerbüfett auf! An den Listen in dieser Mission kannst du dich orientieren.

150 PUNKTE

GESAMTPUNKTZAHL DER MISSION: 150

BONUS-MISSION: DEINE STIMME GEGEN PLASTIK

Schreib einen Brief oder eine Mail an jemanden, der in einer Position ist, Entscheidungen zu treffen, die deinen Kampf gegen Plastik berühren. Das kann ein Bundestagsabgeordneter sein, ein Landrat, ein Lehrer oder dein Schulleiter. Erzähl ihm, weshalb Plastik dir solche Sorgen bereitet, was du dir von ihm wünschst und warum. Orientier dich dabei an der Vorlage.

Leg los! Deine Stimme zählt!

100 PUNKTE

GESAMTPUNKTZAHL DER MISSION: 100

WELCHE ART VON UM-WELTHELD BIST DU?

Zähl jetzt, am Ende deiner 2-Minuten-Missionen, deine Punkte zusammen. Welche Art von #umwelttheldin2minuten bist du?

0-499 PUNKTE

Du bist ein Superheld ganz nach meinem Geschmack: Du bist auf dem besten Weg, gibst dir Mühe, hängst dich rein. Du hast bereits genügend Missionen gemeistert, um einen echten Unterschied zu machen. Unsere Umwelt liegt dir eindeutig am Herzen, und du versuchst, andere ebenfalls zu motivieren und mitzuziehen.

Jetzt ist der richtige Zeitpunkt, um den Schwung aus deinen ersten Erfolgen mitzunehmen und noch mehr für die Rettung der Meere zu tun. Wirf dir also deinen Umwelthelenumhang um, setz deine Maske auf, geh hinaus in die Welt und unternimm noch mehr, um die Erde zu retten. Alles, was du tust, ist wichtig!

MISSION ERFÜLLT: Du bist ein 3-Sterne-Umweltheld!

500-999 PUNKTE

Dich hat das Heldenfieber richtig gepackt, oder? Du hast die meisten Missionen mit Bravour erfüllt, echten Einsatz für die Ozeane gezeigt und bewiesen, wie sehr dir alle wilden Tiere am Herzen liegen – die Delfine, Wale und Fische danken es dir.

Was kommt als Nächstes? Erledige die fehlenden Missionen und gib den Meeren noch einmal ordentlich Schwung für die Zukunft mit. Das schaffst du. Schließlich bist du schon so weit gekommen als ehrgeiziger Anti-Plastik-Krieger mit Herz und Tatkraft! Da ist die restliche Strecke ein Klacks für dich. AUF GEHT'S, DU HELD!

MISSION ERFÜLLT: Du bist ein tüchtiger 4-Sterne-Umweltheld!

Donnerwetter! Du bist der Held aller Superhelden! Wie willst du in Zukunft nachts schlafen, bei all dem Lob, mit dem ich dich gleich überschütte? Der Kampf gegen Plastik ist dir wirklich in Fleisch und Blut übergegangen und hat den Alltagshelden in dir geweckt. Ohne zu zögern, hast du im Alleingang Delfine, Robben, Wale und Seevögel vor Plastik gerettet. Deine Arbeit zeigt Wirkung, und all deine Taten – zusammen mit denen sämtlicher anderer Umwelthelden da draußen – machen einen himmelweiten Unterschied.

Bestnote! Vielen Dank, das hast du richtig klasse gemacht!

MISSION ERFÜLLT: Du bekommst den 5-Sterne-Umwelthelden-Pokal!

HIER IST PLATZ FÜR DEIN FOTO

SUPERHELD DES ALLTAGS

Wie heißt du?

Was ist dein Job?

Welche Superkraft hast du?

Wie kämpfst du gegen Plastik?

Wie lautet dein Top-Tipp?

Was hasst du?

Was liebst du?

DU

ZUSATZINFOS FÜR DEINEN KAMPF GEGEN PLASTIK

Willst du noch mehr erfahren? Großartig!
Dann schau dich hier mal um:

KAMPAGNEN, AKTIVISMUS UND QUELLEN:

Ozeankind: deutsche Umweltschutzorganisation, die insbesondere mit Kindern und Jugendlichen weltweit viele Projekte gegen Plastik umsetzt
www.ozeankind.de

Bundesministerium für Umwelt, Naturschutz und nukleare Sicherheit: Im Seitenbereich für Kinder gibt es zahlreiche Informationen zu Plastik im Meer – und Tipps, wie jeder etwas dagegen unternehmen kann.
www.bmu-kids.de

Greenpeace: eine globale Orga-nisation, die sich für die Natur einsetzt und Kampagnen führt, um die Plastikflut in die Ozeane zu stoppen
www.greenpeace.de

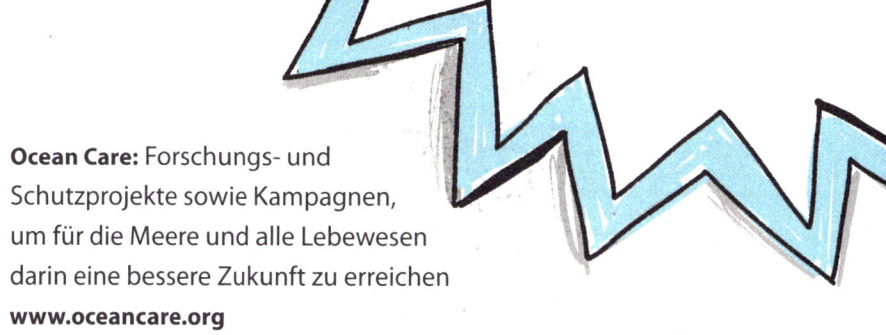

Ocean Care: Forschungs- und Schutzprojekte sowie Kampagnen, um für die Meere und alle Lebewesen darin eine bessere Zukunft zu erreichen
www.oceancare.org

Pacific Garbage Screening: ein deutsches Start-up, das mithilfe einer schwimmenden Plattform Plastikpartikel aus dem Meer filtern will
www.pacific-garbage-screening.de

NAJU: Die *Naturschutzjugend* ist der deutschlandweit größte Kinder- und Jugendverband im Umwelt- und Naturschutz mit zahlreichen Mitmachmöglichkeiten.
www.naju.de

WWF Junior: Kinder- und Jugendorganisation des *World Wide Fund for Nature*, die Projekte und Camps zu Natur- und Artenschutz anbietet
www.wwf-junior.de

BUND: Der *Bund für Umwelt und Naturschutz Deutschland* ist die deutsche Mitgliedsorganisation des internationalen Naturschutz-netzwerks *Friends of the Earth*.
www.bund.net

Deutsche Stiftung Meeresschutz: fördert Projekte für den Erhalt der Artenvielfalt im Meer und gibt jede Menge Aktionstipps
www.stiftung-meeresschutz.de

MEHR ÜBER MARTIN

Hallo. Das bin ich. Mein Name ist Martin Dorey. Ich bin Surfer, Schriftsteller, Strandliebhaber und Anti-Plastik-Aktivist. Zusammen mit meiner Lebenspartnerin Lizzy – auch bekannt als Dr. Alge – wohne ich in der Nähe der Küste im englischen Cornwall. Meine Kinder, Maggie und Charlotte, wohnen mit ihrem Hund Bob, einem mittelgroßen Mix unbekannter Herkunft, nur ein Stück weit die Straße hinunter. Manchmal begleiten sie mich zum Müllsammeln an den Strand.

Ich besitze zu viele Surfbretter, einen großen Wohnwagen und ein Mountainbike, auf dem ich gern gemeinsam mit Dr. Alge schlammige Abhänge hinunterbrettere. Ich liebe es, zu schreiben, zu campen und den Strand zu säubern; außerdem esse ich gern Pfannkuchen und finde es großartig, an sonnigen Tagen am Meer aufzuwachen – zusammen mit den Menschen, die mir am meisten am Herzen liegen.

MEHR ÜBER
#2MINUTEBEACHCLEAN

#2minutebeachclean ist eine Kampagne, die ich vor vielen Jahren ins Leben gerufen habe. Nachdem ich festgestellt hatte, dass ein Abschnitt meines Hausstrands knietief in Plastikflaschen versank, schwor ich mir an Ort und Stelle, etwas – irgendetwas – zu unternehmen, um diese Situation zu verbessern.

Im Jahr 2009 gründete ich *The Beach Clean Network* und begann dann 2013 damit, das Hashtag **#2minutebeachclean** in den sozialen Netzwerken zu verwenden. Die Idee dahinter war ganz einfach: Man geht zum Strand, nimmt sich 2 Minuten Zeit, um Müll aufzusammeln, macht ein Foto davon und stellt es anschließend ins Netz, um andere Leute zu motivieren, es einem nachzutun. Im Jahr 2014 hat *The Beach Clean Network* rund um Cornwall 8 Beach Clean Stations eingerichtet: kleine Stützpunkte, die den Leuten das Müllsammeln ganz leicht machen. An den Holzaufstellern bekommen sie kostenlos Tüten und Müllgreifer, und schon kann es losgehen. Im Jahr 2019 gab es bereits mehr als 500 solcher Stationen, und eine der meistgenutzten davon befindet sich in einer Schule.

Aus **#2minutebeachclean** sind inzwischen andere Bewegungen hervorgegangen – darunter auch **#umwelteldin2minuten**, **#2minutenblitzputz** und die **#2minutenlösung**. In den sozialen Netzwerken zeigen Tausende Follower jeden Tag, wie sie gegen Plastik kämpfen, indem sie Strände säubern, Müll in ihrer eigenen Straße aufsammeln oder sich beim Einkauf für plastikfreie Alternativen entscheiden. Alles, worum ich dich bitte, nachdem du nun dieses Buch gelesen habt, ist Folgendes: Bitte nimm dir weiterhin 2 Minuten am Tag, um Müll aufzuheben oder anderweitig in Aktion zu treten, um Plastik aus deinem Leben zu verbannen. Das mag nach nicht viel klingen, aber zusammen mit dem Einsatz aller anderen Mitstreiter wird es schon bald einen großen Unterschied machen.

Im Jahr 2019 ist aus *The Beach Clean Network* eine Stiftung geworden: The 2 Minute Foundation.

Mehr darüber findest du unter www.beachclean.net.

Mit besonderem Dank an:

Lizzy

Daisy, Maria und alle anderen bei Walker Books,

Nicky, Dolly, Andrea, Adam, Alan, Tab, Jackie,

das **#2minutebeachclean**-Team

und die **#2minutebeachclean**-Familie.

Chris Hines.

Meine Superhelden – Neil Hembrow (KBT),
Deb Rosser (ReFill South West), Rowena Bird (Lush), Rob Thompson
(Ocean Recovery Project), Linda Thomas (Eco Design), Pete Cooper
(The Crackington Crew) und den legendären Jim Scown (Ex-RNLI).

Außerdem danke ich der British Divers Marine Rescue, The Cornish Seal
Sanctuary, Clive Symm, The Crackington Crew, Widemouth Task Force,
The Plastic Movement, Surfers Against Sewage, Paddle Against Plastic
und all den großartigen Anti-Plastik-Gruppen in Großbritannien und
aller Welt, die einen riesigen Unterschied machen.